DR. OETKER

SUPER BLECH KUCHEN

Süß & pikant

DR. OETKER

SUPER BLECH KUCHEN

Süß & pikant

Weltbild

Vorwort

Blechkuchen

Kuchen frisch vom Blech – immer köstlich und schnell zubereitet. Die ganze Bandbreite der Blechkuchen präsentieren wir Ihnen in diesem Buch.

Von fruchtigen Köstlichkeiten, leicht alkoholisierten Überraschungen, Variationen von Klassikern und Kuchen, der Kinderherzen höher schlagen lässt – alles ist dabei, auch schnelle Blechkuchen, die ruck, zuck zubereitet sind. Wir haben für Sie die besten Rezepte zusammengestellt, und so wird Ihnen schon beim Durchblättern das Wasser im Munde zusammenlaufen.

Alle Rezepte sind schnell und unkompliziert zuzubereiten und wurden von Dr. Oetker überprüft und exakt beschrieben, damit sie garantiert gelingen.

Bienenstich

Zubereitungszeit: 50 Minuten, ohne Teiggehzeit I Backzeit: etwa 15 Minuten

Pro Stück: E: 6 g, F: 23 g, Kh: 33 g, kJ: 1514, kcal: 361 I etwa 20 Stücke

Für den Hefeteig:

200 ml Milch

50 g Butter oder Margarine

375 g Weizenmehl

1 Pck. Dr. Oetker Trockenbackhefe

50 g Zucker

1 Pck. Dr. Oetker Vanillin-Zucker

1 Prise Salz

1 Ei (Größe M)

Für den Belag:

200 g Butter

100 g Zucker

1 Pck. Dr. Oetker Vanillin-Zucker

1–2 EL Honig

4 EL Schlagsahne

200 g abgezogene, gehobelte Mandeln

Für die Füllung:

2 Pck. Dr. Oetker Pudding-Pulver Vanille-Geschmack

750 ml (¾ l) Milch

100 g Zucker

100 g Butter

1 Für den Teig Milch in einem Topf erwärmen und Butter oder Margarine darin zerlassen. Mehl in einer Rührschüssel mit der Trockenbackhefe sorgfältig vermischen. Restliche Zutaten für den Teig und die warme Milch-Fett-Mischung hinzufügen und die Zutaten mit Handrührgerät mit Knethaken erst kurz auf niedrigster, dann auf höchster Stufe in etwa 5 Minuten zu einem glatten Teig verarbeiten. Den Teig zugedeckt an einem warmen Ort so lange gehen lassen, bis er sich sichtbar vergrößert hat.

2 Für den Belag Butter mit Zucker, Vanillin-Zucker, Honig und Sahne unter Rühren langsam erhitzen, kurz aufkochen lassen und die Mandeln unterrühren. Masse abkühlen lassen, dabei ab und zu umrühren.

3 Eine Fettpfanne oder ein Backblech mit hohem Rand (30 x 40 cm) fetten. Den Backofen vorheizen.
Ober-/Unterhitze: etwa 200 °C
Heißluft: etwa 180 °C

4 Den Teig leicht mit Mehl bestäuben, aus der Schüssel nehmen und auf der leicht bemehlten Arbeitsfläche nochmals gut durchkneten. Teig in der Fettpfanne oder auf dem Backblech ausrollen. Den Belag gleichmäßig auf dem Teig verstreichen und den Teig nochmals so lange gehen lassen, bis er sich sichtbar vergrößert hat. Die Fettpfanne oder das Backblech in den vorgeheizten Backofen schieben. Den Kuchen **etwa 15 Minuten** backen.

5 Das Gebäck in der Fettpfanne oder auf dem Backblech auf einem Kuchenrost erkalten lassen. Dann das Gebäck senkrecht halbieren und jede Hälfte einmal waagerecht durchschneiden.

6 Für die Füllung aus Pudding-Pulver, Milch und Zucker nach Packungsanleitung, aber mit nur 750 ml (¾ l) Milch einen Pudding zubereiten und die Butter im heißen Pudding verrühren. Die Creme erkalten lassen, dabei gelegentlich durchrühren. Die Gebäckhälften mit der erkalteten Creme füllen.

Abwandlung: Ersetzen Sie die Mandeln für den Belag durch 200 g Kokosraspel.

Donauwellen

Zubereitungszeit: 45 Minuten, ohne Kühlzeit I Backzeit: etwa 40 Minuten
Pro Stück: E: 5 g, F: 28 g, Kh: 42 g, kJ: 1898, kcal: 453 I etwa 20 Stücke

Für den Rührteig:

2 Gläser Sauerkirschen
(Abtropfgewicht je 350 g)

250 g weiche Butter oder Margarine

200 g Zucker

1 Pck. Dr. Oetker Vanillin-Zucker

1 Prise Salz

5 Eier (Größe M)

375 g Weizenmehl

3 gestr. TL Dr. Oetker Backin

20 g Kakaopulver

1 EL Milch

Für die Buttercreme:

1 Pck. Dr. Oetker Pudding-Pulver
Vanille-Geschmack

100 g Zucker

500 ml (½ l) Milch

250 g weiche Butter

Für den Guss:

200 g Zartbitter-Schokolade

2 EL Speiseöl

1 Für den Teig die Kirschen auf einem Sieb gut abtropfen lassen. Ein Backblech (30 x 40 cm) fetten. Den Backofen vorheizen.
Ober-/Unterhitze: etwa 180 °C
Heißluft: etwa 160 °C

2 Butter oder Margarine in einer Rührschüssel mit Handrührgerät mit Rührbesen geschmeidig rühren. Nach und nach Zucker, Vanillin-Zucker und Salz unterrühren. So lange rühren, bis eine gebundene Masse entstanden ist.

3 Jedes Ei etwa ½ Minute unterrühren. Mehl mit Backpulver mischen und in 2 Portionen kurz auf mittlerer Stufe unterrühren. Knapp zwei Drittel des Teiges auf das Backblech streichen. Kakaopulver sieben, mit Milch unter den restlichen Teig rühren und gleichmäßig auf dem hellen Teig verteilen.

4 Die Sauerkirschen kurz auf Küchenpapier legen, anschließend auf dem dunklen Teig verteilen und mit einem Löffel etwas in den Teig drücken. Das Backblech in den vorgeheizten Backofen schieben. Den Kuchen **etwa 40 Minuten** backen.

5 Das Gebäck auf dem Backblech auf einen Kuchenrost stellen und erkalten lassen.

6 Für die Buttercreme in der Zwischenzeit aus Pudding-Pulver, Zucker und Milch nach Packungsanleitung einen Pudding zubereiten. Den Pudding erkalten lassen (nicht kalt stellen) und dabei gelegentlich durchrühren.

7 Butter mit Handrührgerät mit Rührbesen geschmeidig rühren und den erkalteten Pudding esslöffelweise unterrühren, dabei darauf achten, dass Butter und Pudding Zimmertemperatur haben, da die Buttercreme sonst gerinnt. Die erkaltete Gebäckplatte gleichmäßig mit der Buttercreme bestreichen und den Kuchen etwa 1 Stunde kalt stellen.

8 Für den Guss Schokolade grob zerkleinern und mit dem Öl in einem Topf im Wasserbad bei schwacher Hitze unter Rühren schmelzen lassen. Den Guss auf der fest gewordenen Buttercreme verstreichen und mit einem Tortenkamm verzieren.

Eierschecke

Zubereitungszeit: 40 Minuten, ohne Teiggehzeit I Backzeit: etwa 30 Minuten
Pro Stück: E: 7 g, F: 11 g, Kh: 24 g, kJ: 967, kcal: 231 I etwa 20 Stücke

Für den Hefeteig:

75 ml Milch

70 g Butter oder Margarine

200 g Weizenmehl

1 Pck. Dr. Oetker Trockenbackhefe

30 g Zucker

1 Pck. Dr. Oetker Vanillin-Zucker

3 Tropfen Zitronen-Aroma

1 Prise Salz

1 Ei (Größe M)

Für den Quarkbelag:

1 Pck. Dr. Oetker Pudding-Pulver Vanille-Geschmack

40 g Zucker

500 ml (½ l) Milch

500 g Magerquark

65 g Rosinen

Für die Eiercreme:

4 Eiweiß (Größe M)

125 g weiche Butter

125 g Zucker

4 Eigelb (Größe M)

15 g Speisestärke

1 Für den Teig Milch in einem kleinen Topf erwärmen und die Butter oder Margarine darin zerlassen. Mehl in einer Rührschüssel mit der Trockenbackhefe sorgfältig vermischen. Restliche Teigzutaten und die warme Milch-Fett-Mischung hinzufügen.

2 Die Zutaten mit Handrührgerät mit Knethaken erst kurz auf niedrigster, dann auf höchster Stufe in etwa 5 Minuten zu einem glatten Teig verarbeiten. Den Teig zugedeckt so lange an einem warmen Ort gehen lassen, bis er sich sichtbar vergrößert hat.

3 Für den Quarkbelag aus Pudding-Pulver, Zucker und Milch nach Packungsanleitung einen Pudding kochen. Den Pudding in eine Schüssel geben. Frischhaltefolie direkt auf die Oberfläche legen, damit sich keine Haut bildet, und den Pudding erkalten lassen.

4 Quark und Rosinen unter den erkalteten Pudding rühren. Ein Backblech (30 x 40 cm) fetten. Den Backofen vorheizen.
Ober-/Unterhitze: etwa 180 °C
Heißluft: etwa 160 °C

5 Den Teig leicht mit Mehl bestäuben, aus der Schüssel nehmen und auf der leicht bemehlten Arbeitsfläche nochmals kurz durchkneten. Den Teig auf dem Backblech ausrollen. Den Quarkbelag gleichmäßig auf den Teig streichen.

6 Für die Eiercreme Eiweiß steif schlagen. Butter mit Handrührgerät mit Rührbesen geschmeidig rühren. Nach und nach Zucker unterrühren. Eigelb nach und nach unterrühren. Eischnee auf die Eigelbmasse geben, Speisestärke darübersieben und beides vorsichtig unterheben. Die Eiercreme vorsichtig auf dem Quarkbelag verteilen, glatt streichen und das Backblech in den vorgeheizten Backofen schieben. Die Eierschecke **etwa 30 Minuten** backen.

7 Das Backblech auf einen Kuchenrost stellen und den Kuchen darauf erkalten lassen.

Apfelkuchen, sehr fein

Zubereitungszeit: 65 Minuten I Backzeit: 40–50 Minuten

Pro Stück: E: 5 g, F: 16 g, Kh: 39 g, kJ: 1363, kcal: 326 I etwa 20 Stücke

Für den Rührteig:

250 g weiche Butter oder Margarine

250 g Zucker

1 Pck. Dr. Oetker Vanillin-Zucker

1 Prise Salz

1 Pck. Dr. Oetker Finesse Geriebene Zitronenschale

6 Eier (Größe M)

400 g Weizenmehl

4 TL Dr. Oetker Backin

2–4 EL Milch

Für den Belag:

1,5 kg Äpfel

50 g zerlassene Butter

50 g Rosinen

40 g abgezogene, gestiftelte Mandeln

Zum Aprikotieren:

3–4 EL Aprikosenkonfitüre

2 EL Wasser

1 Ein Backblech (30 x 40 cm) fetten. Den Backofen vorheizen. Ober-/Unterhitze: etwa 180 °C Heißluft: etwa 160 °C

2 Für den Teig Butter oder Margarine mit Handrührgerät mit Rührbesen auf höchster Stufe geschmeidig rühren. Nach und nach Zucker, Vanillin-Zucker, Salz und Zitronenschale hinzufügen und so lange rühren, bis eine gebundene Masse entstanden ist.

3 Jedes Ei etwa ½ Minute unterrühren. Mehl mit Backpulver mischen und abwechselnd mit der Milch in 2 Portionen kurz auf mittlerer Stufe unterrühren (nur so viel Milch verwenden, dass der Teig schwer reißend von einem Löffel fällt).

4 Den Teig auf das Backblech geben und glatt streichen.

5 Für den Belag Äpfel schälen, vierteln, entkernen und mehrmals der Länge nach einritzen. Apfelviertel auf den Teig legen und mit Butter bestreichen. Rosinen und Mandeln darauf streuen. Das Backblech in den vorgeheizten Backofen schieben. Den Apfelkuchen **40–50 Minuten** backen.

6 Das Backblech auf einen Kuchenrost stellen.

7 Zum Aprikotieren Konfitüre durch ein Sieb streichen, mit Wasser in einem kleinen Topf unter Rühren zum Kochen bringen und den heißen Kuchen sofort damit bestreichen. Den Kuchen erkalten lassen.

Abwandlung: Statt der Äpfel 2 Gläser gut abgetropfte Sauerkirschen (Abtropfgewicht je 370 g) verwenden, dann den Kuchen nur mit abgezogenen, gehobelten Mandeln bestreuen.

Tipp: Reichen Sie mit Zimt gewürzte Schlagsahne zum Kuchen.

Zwetschen-Streuselkuchen

Zubereitungszeit: 50 Minuten, ohne Teiggehzeit I Backzeit: 25–30 Minuten
Pro Stück: E: 5 g, F: 13 g, Kh: 47 g, kJ: 1393, kcal: 333 I etwa 20 Stücke

Zutaten

Für den Hefeteig:

200 ml Milch
75 g Butter oder Margarine
375 g Weizenmehl
1 Pck. Dr. Oetker Trockenbackhefe
50 g Zucker
1 Pck. Dr. Oetker Vanillin-Zucker
1 Prise Salz
1 Ei (Größe M)

Für den Belag:

2 ½ kg Zwetschen

Für die Streusel:

300 g Weizenmehl
150 g Zucker
1 Pck. Dr. Oetker Vanillin-Zucker
200 g weiche Butter oder Margarine

Zubereitung

1 Für den Teig Milch in einem Topf erwärmen und Butter oder Margarine darin zerlassen. Mehl in einer Rührschüssel mit der Hefe sorgfältig vermischen. Zucker, Vanillin-Zucker, Salz, Ei und die warme Milch-Fett-Mischung hinzufügen.

2 Die Zutaten mit Handrührgerät mit Knethaken zunächst kurz auf niedrigster, dann auf höchster Stufe in etwa 5 Minuten zu einem glatten Teig verarbeiten. Den Teig zugedeckt so lange an einem warmen Ort gehen lassen, bis er sich sichtbar vergrößert hat (etwa 20 Minuten).

3 Für den Belag in der Zwischenzeit Zwetschen waschen, auf einem Sieb gut abtropfen lassen, entstielen, trocken tupfen, halbieren und entsteinen. Für die Streusel Mehl in eine Rührschüssel sieben. Zucker, Vanillin-Zucker und Butter oder Margarine hinzufügen. Die Zutaten mit Handrührgerät mit Rührbesen zu Streuseln verarbeiten.

4 Eine Fettpfanne (30 x 40 cm) fetten.

5 Den Teig aus der Schüssel nehmen, auf der leicht bemehlten Arbeitsfläche gut durchkneten und in der Fettpfanne ausrollen. Teig dachziegelartig mit Zwetschen (Innenseiten nach oben) belegen.

6 Die Streusel gleichmäßig darauf verteilen. Den Teig nochmals so lange gehen lassen, bis er sich sichtbar vergrößert hat (etwa 20 Minuten). Inzwischen den Backofen vorheizen.
Ober-/Unterhitze: etwa 200 °C
Heißluft: etwa 180 °C

7 Die Fettpfanne in den vorgeheizten Backofen schieben. Den Zwetschenkuchen **25–30 Minuten** backen.

8 Die Fettpfanne auf einen Kuchenrost stellen und den Kuchen darauf erkalten lassen.

Prasselschnitten

Zubereitungszeit: 25 Minuten, ohne Antauzeit I Backzeit: etwa 20 Minuten
Pro Stück: E: 3 g, F: 14 g, Kh: 37 g, kJ: 1185, kcal: 283 I etwa 20 Stücke

Zutaten

1 Pck. (10 quadratische Platten, 450 g)
TK-Blätterteig

Zum Bestreichen:
75–100 g Aprikosen- oder Kirschkonfitüre

Für die Streusel:
300 g Weizenmehl
150 g Zucker
1 Pck. Dr. Oetker Vanillin-Zucker
1 Msp. gemahlener Zimt
200 g weiche Butter

Für den Guss:
150 g gesiebter Puderzucker
2 EL Zitronensaft

Zubereitung

1 Blätterteigplatten nebeneinander nach Packungsanleitung antauen lassen. Ein Backblech mit Backpapier belegen und mit Wasser besprenkeln.

2 Die Platten auf dem Backblech verteilen, mit einer Gabel mehrmals einstechen und mit Konfitüre bestreichen. Teigplatten 15 Minuten ruhen lassen.

3 Den Backofen vorheizen.
Ober-/Unterhitze: etwa 200 °C
Heißluft: etwa 180 °C

4 Für die Streusel Mehl in eine Rührschüssel sieben und Zucker, Vanillin-Zucker, Zimt und Butter hinzufügen. Die Zutaten mit Handrührgerät mit Rührbesen zunächst kurz auf niedrigster, dann auf höchster Stufe zu Streuseln von gewünschter Größe verarbeiten.

5 Den bestrichenen Blätterteigboden mit den Streuseln bestreuen. Das Backblech in den vorgeheizten Backofen schieben. Die Prasselschnitten **etwa 20 Minuten** backen.

6 Das Gebäck auf einen Kuchenrost legen und erkalten lassen.

7 Für den Guss Puderzucker und Zitronensaft zu einer dickflüssigen Masse verrühren. Das Gebäck mit dem Guss besprenkeln. Guss trocknen lassen und das Gebäck in Quadrate schneiden.

Russischer Zupfkuchen

Zubereitungszeit: 40 Minuten I Backzeit: etwa 45 Minuten

Pro Stück: E: 11 g, F: 29 g, Kh: 44 g, kJ: 2047, kcal: 489 I etwa 20 Stücke

Für den Knetteig:

425 g Weizenmehl

40 g Kakaopulver

3 gestr. TL Dr. Oetker Backin

200 g Zucker

2 Pck. Dr. Oetker Vanillin-Zucker

2 Eier (Größe M)

250 g Butter oder Margarine

Für die Füllung:

375 g Butter oder Margarine

1 kg Magerquark

250 g Zucker

2 Pck. Dr. Oetker Vanillin-Zucker

2 Pck. Dr. Oetker Pudding-Pulver Vanille-Geschmack

4 Eier (Größe M)

1 Ein Backblech (30 x 40 cm) fetten. Den Backofen vorheizen.
Ober-/Unterhitze: 160–180 °C
Heißluft: 140–160 °C

2 Für den Teig Mehl mit Kakaopulver und Backpulver in einer Rührschüssel mischen. Zucker, Vanillin-Zucker, Eier und Butter oder Margarine hinzufügen. Die Zutaten mit Handrührgerät mit Knethaken zunächst kurz auf niedrigster, dann auf höchster Stufe gut durcharbeiten.

3 Anschließend den Teig auf der leicht bemehlten Arbeitsfläche kurz verkneten. Zwei Drittel des Teiges auf dem Backblech ausrollen. Einen Backrahmen darumstellen.

4 Für die Füllung Butter oder Margarine zerlassen und abkühlen lassen. Quark mit Zucker, Vanillin-Zucker, Pudding-Pulver und Eiern in einer Schüssel mit Handrührgerät mit Rührbesen verrühren. Flüssige Butter oder Margarine unterrühren. Alles zu einer glatten Masse verrühren, auf dem Teig verteilen und glatt streichen.

5 Den restlichen Teig in kleine Stücke zupfen und auf der Füllung verteilen. Das Backblech in den vorgeheizten Backofen schieben. Den Zupfkuchen **etwa 45 Minuten** backen.

6 Das Backblech auf einen Kuchenrost stellen und den Kuchen darauf erkalten lassen. Den Backrahmen mit einem Messer vorsichtig lösen und entfernen.

Abwandlung: Fruchtiger wird das Gebäck mit einer dünnen Schicht Preiselbeeren auf dem Boden.

Schneckenkuchen

Zubereitungszeit: 60 Minuten, ohne Teiggehzeit I Backzeit: etwa 20 Minuten
Pro Stück: E: 5 g, F: 7 g, Kh: 41 g, kJ: 1057, kcal: 253 I etwa 20 Stücke

Für den Hefeteig:
125 ml (⅛ l) Milch
100 g Butter oder Margarine
500 g Weizenmehl
1 Pck. Dr. Oetker Trockenbackhefe
50 g Zucker
1 Pck. Dr. Oetker Vanillin-Zucker
1 Prise Salz
2 Eier (Größe M)

Für die Füllung:
2 Pck. Dr. Oetker Pudding-Pulver Vanille-Geschmack
750 ml (¾ l) Milch
80 g Zucker
100 g Rosinen

Zum Aprikotieren:
3 EL Aprikosenkonfitüre
2 EL Wasser

Für den Guss:
100 g Puderzucker
1–2 EL Wasser

1 Für den Teig Milch in einem Topf erwärmen und Butter oder Margarine darin zerlassen. Mehl in einer Rührschüssel sorgfältig mit der Trockenbackhefe vermischen. Alle übrigen Zutaten und die warme Milch-Fett-Mischung hinzufügen.

2 Die Zutaten mit Handrührgerät mit Knethaken zunächst kurz auf niedrigster, dann auf höchster Stufe in etwa 5 Minuten zu einem glatten Teig verarbeiten. Danach den Teig zugedeckt so lange an einem warmen Ort gehen lassen, bis er sich sichtbar vergrößert hat.

3 Für die Füllung den Pudding nach Packungsanleitung, aber nur mit 750 ml Milch und 80 g Zucker zubereiten und während des Erkaltens gelegentlich durchrühren. Rosinen unterrühren. Ein Backblech (30 x 40 cm) fetten.

4 Den Teig leicht mit Mehl bestäuben, aus der Schüssel nehmen, auf der Arbeitsfläche nochmals gut durchkneten und zu einem Rechteck (40 x 60 cm) ausrollen.

5 Teig mit dem Pudding bestreichen. Den Teig von der längeren Seite aus aufrollen, in knapp 1,5 cm breite Scheiben schneiden und dachziegelartig auf das Backblech legen. Teig nochmals so lange gehen lassen, bis er sich sichtbar vergrößert hat. Inzwischen den Backofen vorheizen.
Ober-/Unterhitze: etwa 200 °C
Heißluft: etwa 180 °C

6 Das Backblech in den vorgeheizten Backofen schieben. Den Kuchen **etwa 20 Minuten** backen.

7 Zum Aprikotieren Konfitüre durch ein Sieb streichen und mit Wasser etwas einkochen lassen. Das Gebäck sofort nach dem Backen damit bestreichen und auf einem Kuchenrost erkalten lassen.

8 Für den Guss Puderzucker mit Wasser verrühren und über den erkalteten Kuchen sprenkeln.

Streusel-Aprikosen-Kuchen

Zubereitungszeit: 30 Minuten I Backzeit: etwa 30 Minuten
Pro Stück: E: 5 g, F: 19 g, Kh: 5 g, kJ: 1629, kcal: 389 I etwa 20 Stücke

Zutaten

Zum Vorbereiten:
1 Dose Aprikosenhälften (Abtropfgewicht 480 g)

Für den Rührteig:
200 g weiche Butter oder Margarine
200 g Zucker
1 Pck. Dr. Oetker Vanillin-Zucker
1 Prise Salz
1 Fläschchen Butter-Vanille-Aroma
4 Eier (Größe M)
375 g Weizenmehl
2 gestr. TL Dr. Oetker Backin

Für die Streusel:
350 g Weizenmehl
175 g Zucker
1 Pck. Dr. Oetker Vanillin-Zucker
½ TL gemahlener Zimt
200 g weiche Butter oder Margarine

Zubereitung

1 Zum Vorbereiten Aprikosenhälften auf einem Sieb gut abtropfen lassen. Ein Backblech (30 x 40 cm) fetten. Den Backofen vorheizen.
Ober-/Unterhitze: etwa 180 °C
Heißluft: etwa 160 °C

2 Für den Teig Butter oder Margarine mit Handrührgerät mit Rührbesen auf höchster Stufe geschmeidig rühren. Nach und nach Zucker, Vanillin-Zucker, Salz und Aroma unterrühren und so lange rühren, bis eine gebundene Masse entstanden ist.

3 Jedes Ei etwa ½ Minute unterrühren. Mehl mit Backpulver mischen und in 2 Portionen auf mittlerer Stufe unterrühren. Den Teig auf das Backblech geben und glatt streichen. Einen Backrahmen darumstellen oder vor den Teig einen mehrfach geknickten Streifen Alufolie legen.

4 Abgetropfte Aprikosenhälften mit der Wölbung nach oben auf den Teig legen.

5 Für die Streusel Mehl in einer Rührschüssel mit Zucker, Vanillin-Zucker und Zimt mischen. Butter oder Margarine hinzufügen und die Zutaten mit Handrührgerät mit Rührbesen zu Streuseln von gewünschter Größe verarbeiten. Die Streusel auf den Aprikosenhälften verteilen. Das Backblech in den vorgeheizten Backofen schieben. Den Kuchen **etwa 30 Minuten** backen.

6 Das Backblech auf einen Kuchenrost stellen und den Kuchen erkalten lassen. Backrahmen lösen und entfernen. Kuchen in Schnitten schneiden.

Tipp
Anstelle von Aprikosen kann auch Apfelkompott (mit Stücken, aus dem Glas) verwendet werden. Die Streusel schmecken besonders gut, wenn Sie statt 350 g Weizenmehl 275 g Weizenmehl und 50 g abgezogene, gemahlene Mandeln verwenden.

Butterkuchen

Zubereitungszeit: 20 Minuten, ohne Teiggehzeit I Backzeit: etwa 15 Minuten
Pro Stück: E: 4 g, F: 10 g, Kh: 22 g, kJ: 807, kcal: 193 I etwa 20 Stücke

Zutaten

Für den Hefeteig:

375 g Weizenmehl
1 Pck. Dr. Oetker Trockenbackhefe
50 g Zucker
1 Pck. Dr. Oetker Vanillin-Zucker
1 Prise Salz
1 Ei (Größe M)
50 g zerlassene abgekühlte Butter
200 ml lauwarme Milch

Für den Belag:

100 g kalte Butter
75 g Zucker
1 Pck. Dr. Oetker Vanillin-Zucker
100 g abgezogene, gehobelte Mandeln

Zubereitung

1 Für den Teig Mehl in einer Rührschüssel mit der Trockenbackhefe sorgfältig vermischen. Zucker, Vanillin-Zucker, Salz, Ei, Butter und Milch hinzufügen. Die Zutaten mit Handrührgerät mit Knethaken zunächst kurz auf niedrigster, dann auf höchster Stufe in etwa 5 Minuten zu einem Teig verarbeiten. Den Teig zugedeckt so lange an einem warmen Ort gehen lassen, bis er sich sichtbar vergrößert hat.

2 Ein Backblech (30 x 40 cm) fetten.

3 Den Teig leicht mit Mehl bestäuben, aus der Schüssel nehmen, auf der bemehlten Arbeitsfläche nochmals kurz durchkneten und auf dem Backblech ausrollen.

4 Für den Belag mit einem Kochlöffelstiel leichte Vertiefungen in den Teig drücken. Butter in Flöckchen gleichmäßig auf den Teig setzen. Zucker mit Vanillin-Zucker mischen und darauf streuen, Mandeln auf dem Teig verteilen. Den Teig nochmals so lange an einem warmen Ort gehen lassen, bis er sich sichtbar vergrößert hat. Inzwischen den Backofen vorheizen.
Ober-/Unterhitze: etwa 200 °C
Heißluft: etwa 180 °C

5 Das Backblech in den vorgeheizten Backofen schieben und den Kuchen **etwa 15 Minuten** backen.

6 Das Backblech auf einen Kuchenrost stellen, den Kuchen erkalten lassen.

Abwandlung: Butterkuchen mit Nusskruste: Dafür 100 g Haselnuss- oder Walnusskerne grob hacken und auf dem Hefeteig verteilen. Dann Butterflöckchen und Zucker darauf geben. Zuletzt 8 Esslöffel Schlagsahne auf den Teig träufeln. Den Teig nochmals so lange an einem warmen Ort gehen lassen, bis er sich sichtbar vergrößert hat. Den Kuchen wie im Rezept angegeben backen.

Tipp

200 g Schlagsahne leicht steif schlagen und sofort nach dem Backen gleichmäßig auf den heißen Butterkuchen streichen.

Himbeerkuchen

Zubereitungszeit: 20 Minuten, ohne Auftau- und Abkühlzeit I Backzeit: etwa 20 Minuten

Pro Stück: E: 4 g, F: 23 g, Kh: 29 g, kJ: 1449, kcal: 346 I etwa 20 Stücke

Zutaten

Zum Vorbereiten:

1 Pck. (300 g) TK-Himbeeren

Für den Rührteig:

250 g weiche Butter oder Margarine

200 g Zucker

1 Pck. Dr. Oetker Vanillin-Zucker

1 Prise Salz

1 Pck. Dr. Oetker Finesse Geriebene Zitronenschale

4 Eier (Größe M)

300 g Weizenmehl

2 gestr. TL Dr. Oetker Backin

5 EL Milch

Für die Creme:

50 g Zucker

1 Pck. Dr. Oetker Sahnesteif

500 g Mascarpone (ital. Frischkäse)

150 g Vollmilch-Joghurt

50 g gesiebter Puderzucker

Zubereitung

1 Zum Vorbereiten Himbeeren auftauen lassen. Ein Backblech (30 x 40 cm) fetten. Den Backofen vorheizen.
Ober-/Unterhitze: etwa 200 °C
Heißluft: etwa 180 °C

2 Für den Teig Butter oder Margarine mit Handrührgerät mit Rührbesen auf höchster Stufe geschmeidig rühren. Nach und nach Zucker, Vanillin-Zucker, Salz und Zitronenschale unterrühren. So lange rühren, bis eine gebundene Masse entstanden ist.

3 Jedes Ei etwa ½ Minute unterrühren. Mehl mit Backpulver mischen und in 2 Portionen abwechselnd mit der Milch auf mittlerer Stufe unterrühren.

4 Den Teig auf dem Backblech verteilen und verstreichen. Das Backblech in den vorgeheizten Backofen schieben und den Kuchen **etwa 20 Minuten** backen.

5 Das Backblech auf einen Kuchenrost stellen und den Kuchen darauf erkalten lassen.

6 Für die Creme Zucker mit Sahnesteif mischen, über die aufgetauten Himbeeren streuen und pürieren. Mascarpone mit Joghurt und Puderzucker aufschlagen und gleichmäßig auf dem Kuchen verstreichen. Das Himbeerpüree in Klecksen darauf verteilen und mit einem Löffel vorsichtig eindrücken, so dass Wellen entstehen.

Blondies mit Johannisbeeren

Zubereitungszeit: 25 Minuten, ohne Abkühlzeit I Backzeit: etwa 15 Minuten

Pro Stück: E: 3 g, F: 14 g, Kh: 27 g, kJ: 1064, kcal: 254 I etwa 20 Stücke

Für den Belag:

250 g rote Johannisbeeren

50 g weiße Schokolade

Für den All-in-Teig:

200 g Butter

200 g weiße Schokolade

300 g Weizenmehl

3 gestr. TL Dr. Oetker Backin

150 g Zucker

3 Eier (Größe M)

150 g saure Sahne

1 Für den Belag Johannisbeeren verlesen, abspülen, abtropfen lassen und mit einer Gabel von den Rispen streifen. Schokolade hacken. Ein Backblech (30 x 40 cm) fetten. Den Backofen vorheizen.
Ober-/Unterhitze: etwa 200 °C
Heißluft: etwa 180 °C

2 Für den Teig die Butter in einem kleinen Topf bei schwacher Hitze zerlassen. Den Topf von der Kochstelle nehmen. Weiße Schokolade in Stücke brechen und unter Rühren in der Butter schmelzen und abkühlen lassen.

3 Mehl mit Backpulver in einer Rührschüssel mischen. Restliche Zutaten hinzufügen. Butter-Schoko-Masse glatt rühren und dazugeben. Alle Zutaten mit Handrührgerät mit Rührbesen erst kurz auf niedrigster, dann auf höchster Stufe in etwa 2 Minuten zu einem glatten Teig verarbeiten.

4 Den Teig auf das Backblech geben und verstreichen. Johannisbeeren auf den Teig streuen. Das Backblech in den vorgeheizten Backofen schieben. Den Kuchen **etwa 20 Minuten** backen.

5 Das Backblech auf einen Kuchenrost stellen. Die gehackte Schokolade auf den heißen Kuchen streuen. Den Kuchen auf dem Backblech erkalten lassen.

Hefekuchen mit Amarettini

Zubereitungszeit: 30 Minuten, ohne Ruhezeit I Backzeit: etwa 30 Minuten
Pro Stück: E: 3 g, F: 9 g, Kh: 32 g, kJ: 974, kcal: 232 I etwa 20 Stücke

Für den Hefeteig:

300 g Weizenmehl
1 Pck. Dr. Oetker Hefeteig Garant
50 g Zucker
1 Prise Salz
1 Ei (Größe M)
200 ml Milch
50 ml Speiseöl

Für den Belag:

120 g Amarettini (ital. Makronengebäck)
1 Glas (340 g) Sauerkirschkonfitüre
250 g Mascarpone (ital. Frischkäse)
1 Ei (Größe M)
50 ml kaltes Wasser
20 g Zucker
2 EL Zitronensaft

1 Ein Backblech (30 x 40 cm) fetten.

2 Für den Teig Mehl mit Hefeteig Garant in einer Rührschüssel mischen. Restliche Zutaten hinzufügen und alles mit Handrührgerät mit Rührbesen erst kurz auf niedrigster, dann auf höchster Stufe in etwa 2 Minuten zu einem Teig verarbeiten.

3 Den dickflüssigen Teig auf dem Backblech verteilen und verstreichen. Teig mit einem zweiten Backblech zudecken und ruhen lassen. Den Backofen vorheizen.
Ober-/Unterhitze: etwa 200 °C
Heißluft: etwa 180 °C

4 Inzwischen für den Belag Amarettini in einen Gefrierbeutel füllen. Den Beutel verschließen und die Amarettini mit der Teigrolle grob zerbröseln.

5 Konfitüre glatt rühren. Mascarpone mit Ei, Wasser, Zucker und Zitronensaft mit Handrührgerät mit Rührbesen verrühren. Konfitüre in Klecksen auf dem Teig verteilen. Mascarpone esslöffelweise darauf verteilen und vorsichtig glatt streichen.

6 Den Belag mit den Amarettini-Bröseln bestreuen. Das Backblech in den vorgeheizten Backofen schieben. Den Kuchen **etwa 30 Minuten** backen.

7 Das Backblech auf einen Kuchenrost stellen und den Kuchen darauf erkalten lassen.

Apfel-Nuss-Kuchen

Zubereitungszeit: 30 Minuten I Backzeit: etwa 30 Minuten
Pro Stück: E: 4 g, F: 16 g, Kh: 25 g, kJ: 1096, kcal: 262 I etwa 20 Stücke

Für den Rührteig:

1 Bio-Zitrone (unbehandelt)

200 g weiche Butter oder Margarine

175 g Zucker

2 Pck. Dr. Oetker Vanillin-Zucker

1 Prise Salz

3 Eier (Größe M)

300 g Dinkelmehl (Type 630)

3 gestr. TL Dr. Oetker Backin

1 gestr. TL gemahlener Zimt

½ TL gemahlener Ingwer

600 g säuerliche Äpfel
(z. B. Cox Orange, Elstar, Boskop)

100 g gehobelte Haselnusskerne

Zum Bestreuen:

100 g gehobelte Haselnusskerne

20 g Zucker

1 Für den Teig Zitrone heiß abspülen, trocken tupfen und die Schale auf der Haushaltsreibe abreiben. Die Zitrone auspressen, den Saft beiseitestellen. Ein tiefes Backblech oder eine Fettpfanne (30 x 40 cm) fetten. Den Backofen vorheizen.
Ober-/Unterhitze: etwa 200 °C
Heißluft: etwa 180 °C

2 Butter oder Margarine mit Handrührgerät mit Rührbesen auf höchster Stufe geschmeidig rühren. Nach und nach Zucker, Vanillin-Zucker, Salz und Zitronenschale unterrühren. So lange rühren, bis eine gebundene Masse entstanden ist.

3 Jedes Ei etwa ½ Minute unterrühren. Dinkelmehl mit Backpulver, Zimt und Ingwer mischen und in 2 Portionen auf mittlerer Stufe unterrühren.

4 Äpfel schälen und auf der Haushaltsreibe grob raspeln. Apfelraspel (450 g) mit 2 Esslöffeln Zitronensaft mischen und zusammen mit den Haselnusskernen kurz unter den Teig rühren. Den Teig auf dem Backblech oder in der Fettpfanne verteilen und verstreichen.

5 Nacheinander Haselnusskerne und Zucker auf den Teig streuen. Das Backblech in den vorgeheizten Backofen schieben und den Kuchen **etwa 30 Minuten** backen.

6 Das Backblech auf einen Kuchenrost stellen und den Kuchen darauf erkalten lassen.

Tipp

Die geschälten Äpfel nicht vierteln, sondern jeweils im Ganzen raspeln, so dass von jedem Apfel nur das Kerngehäuse mit Blüte und Stiel zurückbleibt.

Ananas-Toffee-Kuchen

Zubereitungszeit: 30 Minuten I Backzeit: etwa 40 Minuten
Pro Stück: E: 2 g, F: 3 g, Kh: 8 g, kJ: 286, kcal: 68 I etwa 20 Stücke

150 g gehackte Mandeln
50 g Semmelbrösel
1 Dose Ananasstücke
(Abtropfgewicht 490 g)

Für die Toffee-Masse:

2 Dosen gezuckerte Kondensmilch
(je 340 g, 8 % Fett, 45 % Zucker)

600 g saure Sahne
3 Eier (Größe M)
1 leicht geh. EL Weizenmehl

1 Ein Backblech (30 x 40 cm) fetten. Mandeln mit Semmelbröseln mischen und auf das Backblech streuen. Ananasstücke auf einem Sieb gut abtropfen lassen. Den Backofen vorheizen.
Ober-/Unterhitze: etwa 200 °C
Heißluft: etwa 180 °C

2 Für die Toffee-Masse Kondensmilch in einen weiten Topf oder eine Pfanne geben. Die Kondensmilch unter Rühren zum Kochen bringen und bei mittlerer Hitze etwa 15 Minuten einkochen lassen, bis die Masse eine cremige Konsistenz hat und etwas dunkler geworden ist. Während des Einkochens die Kondensmilch mit einem Holzspatel oder Kochlöffel umrühren, damit sie gleichmäßig bräunt und nicht am Topf- oder Pfannenboden ansetzt.

3 Die Masse von der Kochstelle nehmen und nacheinander saure Sahne, Eier und Mehl unterrühren. Die Masse auf dem Backblech verteilen und Ananasstücke daraufstreuen. Das Backblech in den vorgeheizten Backofen schieben und den Kuchen **etwa 40 Minuten** backen.

4 Das Backblech auf einen Kuchenrost stellen. Den Kuchen erkalten lassen und in 4 x 4 cm große Stücke schneiden.

Hinweis: Möglichst keine Ananaswürfel verwenden. Sie sind größer als die einfachen Ananasstücke und müssten halbiert werden.

Tipp

Damit die Ananasstücke nach dem Backen Glanz bekommen, 3 Esslöffel Ananas- oder Aprikosenkonfitüre in einem kleinen Topf gut aufkochen lassen und die Ananasstücke mit einem Pinsel damit bestreichen.

Zitronen-Klecksel-Kuchen

Zubereitungszeit: 20 Minuten I Backzeit: etwa 38 Minuten
Pro Stück: E: 2 g, F: 6 g, Kh: 8 g, kJ: 422, kcal: 101 I etwa 56 Stücke

Für den All-in-Teig:

200 g Weizenmehl
1 gestr. TL Dr. Oetker Backin
100 g Zucker
1 Prise Salz
250 g weiche Butter oder Margarine
2 Eier (Größe M)
100 g Vollmilch-Raspelschokolade
1 EL Wasser

Für die Füllung:

1 Bio-Zitrone (unbehandelt)
1 Zitrone
500 g Dr. Oetker Sahne-Pudding
Bourbon-Vanille (Kühlregal)
500 g Speisequark (20 % Fett)
70 g Zucker
3 Eier (Größe M)
30 g Hartweizengrieß

Zum Bestäuben:

etwas Puderzucker

1 Ein tiefes Backblech oder eine Fettpfanne (30 x 40 cm) fetten. Den Backofen vorheizen.
Ober-/Unterhitze: etwa 200 °C
Heißluft: etwa 180 °C

2 Für den Teig Mehl mit Backpulver in einer Rührschüssel mischen. Restliche Zutaten außer Schokolade und Wasser hinzufügen und alles mit Handrührgerät mit Rührbesen erst kurz auf niedrigster, dann auf höchster Stufe in etwa 2 Minuten zu einem glatten Teig verarbeiten. Die Schokolade unterrühren.

3 Für die Klecksel ein Drittel des Teiges abnehmen, mit dem Wasser verrühren und beiseitestellen. Restlichen Teig gleichmäßig auf dem Backblech oder in der Fettpfanne verstreichen. Das Backblech in den vorgeheizten Backofen schieben und den Kuchen **etwa 8 Minuten** vorbacken.

4 Für die Füllung die Bio-Zitrone heiß abspülen, trocken tupfen und die Schale abreiben. Beide Zitronen auspressen. Zitronenschale und 5 Esslöffel Zitronensaft mit den restlichen Zutaten zu einer glatten Masse verrühren und auf dem heißen, vorgebackenen Teig verstreichen.

5 Teig für die Klecksel in einen Spritzbeutel mit großer Lochtülle füllen und Kleckse auf der Füllung verteilen.

6 Das Backblech bei gleicher Backtemperatur wieder in den Backofen schieben. Den Kuchen in **etwa 30 Minuten** fertig backen.

7 Das Backblech auf einen Kuchenrost stellen, den Kuchen darauf erkalten lassen und anschließend mit etwas Puderzucker bestäuben.

Tipp

Wenn Sie keinen Spritzbeutel haben, können Sie den Teig auch in einen Gefrierbeutel füllen, eine Ecke abschneiden und den Teig aufspritzen oder den Teig mit zwei Teelöffeln auf die Füllung klecksen.

Mandarinen-Cranberry-Kuchen

Zubereitungszeit: 25 Minuten, ohne Abkühlzeit I Backzeit: etwa 25 Minuten

Pro Stück: E: 4 g, F: 15 g, Kh: 27 g, kJ: 1096, kcal: 261 I etwa 20 Stücke

Für den Belag:

2 Dosen Mandarinen
(Abtropfgewicht je 175 g)

150 g Butter

80 g brauner Zucker (Rohrzucker)

1 Prise Salz

1 Pck. Dr. Oetker Vanillin-Zucker

4 EL Schlagsahne

125 g getrocknete Cranberries

150 g Sonnenblumenkerne

½ Pck. Dr. Oetker Finesse Orangen-
schalen-Aroma

Für den Quark-Öl-Teig:

250 g Weizenmehl

3 gestr. TL Dr. Oetker Backin

125 g Magerquark

75 ml Milch

75 ml Speiseöl

75 g Zucker

1 Pck. Dr. Oetker Vanillin-Zucker

1 Prise Salz

1 Für den Belag Mandarinen auf einem Sieb abtropfen lassen. Ein Backblech (30 x 40 cm) fetten. Den Backofen vorheizen.
Ober-/Unterhitze: etwa 200 °C
Heißluft: etwa 180 °C

2 Butter, braunen Zucker, Salz, Vanillin-Zucker und Sahne in einem kleinen Topf bei schwacher Hitze unter Rühren erhitzen und aufkochen lassen. Cranberries, Sonnenblumenkerne und Orangenschalen-Aroma unterrühren. Den Topf von der Kochstelle nehmen und die Masse etwas abkühlen lassen.

3 Für den Teig Mehl mit Backpulver in einer Rührschüssel mischen. Quark, Milch, Öl, Zucker, Vanillin-Zucker und Salz hinzufügen. Die Zutaten mit Handrührgerät mit Knethaken auf höchster Stufe in etwa 1 Minute zu einem Teig verarbeiten (nicht zu lange, sonst klebt der Teig).

4 Den Teig auf der bemehlten Arbeitsfläche zu einem Rechteck ausrollen, auf das Backblech legen und darauf ausrollen, so dass der Teig am Rand etwa 1 cm hoch steht.

5 Die Mandarinen unter die abgekühlte Sonnenblumenkernmasse heben und die Masse gleichmäßig auf dem Teig verstreichen. Das Backblech in den vorgeheizten Backofen schieben und den Kuchen **etwa 25 Minuten** backen.

6 Das Backblech auf einen Kuchenrost stellen. Den Kuchen darauf erkalten lassen und anschließend in Stücke schneiden.

Der Kuchen schmeckt frisch am besten.

Tipp

Sandschnitten

Zubereitungszeit: 25 Minuten, ohne Kühlzeit I Backzeit: etwa 20 Minuten
Pro Stück: E: 2 g, F: 14 g, Kh: 33 g, kJ: 1152, kcal: 275 I etwa 20 Stücke

Für den Rührteig:

125 g weiche Butterschmalz

125 g weiche Butter

200 g feinkörniger Zucker

1 Pck. Dr. Oetker Vanillin-Zucker

1 Prise Salz

4 Eier (Größe M)

125 g Weizenmehl

125 g Speisestärke

1 gestr. TL Dr. Oetker Backin

Zum Bestreuen:

50 g gehobelte Mandeln

Für den Guss:

150 g gesiebter Puderzucker

5 EL Orangensaft

3 EL Zitronensaft

Zum Verzieren:

100 g gesiebter Puderzucker

etwas gelbe Speisefarbe

1 Ein Backblech (30 x 40 cm) fetten und mehlen. Den Backofen vorheizen.
Ober-/Unterhitze: etwa 180 °C
Heißluft: etwa 160 °C

2 Für den Teig Butterschmalz und Butter in kleine Stücke schneiden, mit Zucker, Vanillin-Zucker und Salz in eine Rührschüssel geben und mit Handrührgerät mit Rührbesen so lange rühren, bis Butter und Zucker weiß-schaumig geworden sind. Jedes Ei etwa ½ Minute unterrühren.

3 Mehl mit Speisestärke und Backpulver mischen und in 2 Portionen auf mittlerer Stufe unterrühren. Den Teig auf dem Backblech verteilen, glatt streichen und mit Mandeln bestreuen. Das Backblech in den vorgeheizten Backofen schieben und den Kuchen **etwa 20 Minuten** backen.

4 Für den Guss Puderzucker nach und nach mit Orangensaft und Zitronensaft verrühren. Ein Drittel davon abnehmen und zum Verzieren beiseitestellen. Mit dem restlichen Guss den noch warmen Kuchen bestreichen und den Guss einziehen lassen.

5 Zum Verzieren den beiseite gestellten Guss nach und nach mit Puderzucker zu einer dickflüssigen Masse verrühren. Die Hälfte davon mit Speisefarbe etwas einfärben. Die beiden Gussmassen getrennt in Papiertütchen oder Gefrierbeutel füllen und eine kleine Ecke abschneiden. Das Gebäck in Schnitten teilen, mit dem Guss verzieren und den Guss fest werden lassen.

Tipp

Das Gebäck bleibt gut verpackt mehrere Tage frisch. Ohne Guss ist es gefriergeeignet. Der Teig kann zusätzlich noch mit Orangen- oder Zitronenschale aromatisiert werden.

Brownies mit Cashewkernen

Zubereitungszeit: 30 Minuten I Backzeit: etwa 30 Minuten
Pro Stück: E: 6 g, F: 24 g, Kh: 29 g, kJ: 1484, kcal: 354 I etwa 20 Stücke

Für den Rührteig:

250 g Zartbitter-Schokolade
50 ml Milch
250 g Cashewkerne, geröstet
und gesalzen

250 g weiche Butter oder Margarine
200 g brauner Rohrzucker
1 Pck. Dr. Oetker Vanillin-Zucker
4 Eier (Größe M)
200 g Weizenmehl
20 g Kakaopulver
1 gestr. TL Dr. Oetker Backin

Zum Bestreuen:

50 g weiße Schokolade
50 g Zartbitter-Schokolade

1 Für den Teig 100 g von der Schokolade in Stücke brechen. Milch kurz aufkochen lassen und von der Kochplatte nehmen. Die Schokolade unter Rühren in der Milch schmelzen lassen. Restliche Schokolade (150 g) in Stücke brechen und mit den Cashewkernen portionsweise im Zerkleinerer hacken. Ein tiefes Backblech oder eine Fettpfanne (30 x 40 cm) fetten. Den Backofen vorheizen.
Ober-/Unterhitze: etwa 180 °C
Heißluft: etwa 160 °C

2 Butter oder Margarine mit Handrührgerät mit Rührbesen auf höchster Stufe geschmeidig rühren. Nach und nach braunen Zucker und Vanillin-Zucker unterrühren. So lange rühren, bis eine gebundene Masse entstanden ist. Jedes Ei etwa ½ Minute unterrühren.

3 Geschmolzene Schokolade glatt rühren und unterrühren. Mehl mit Kakao und Backpulver mischen und in 2 Portionen unterrühren. Gehackte Schokolade und Cashewkerne ebenfalls unterrühren.

4 Den Teig auf dem Backblech oder in der Fettpfanne verteilen und verstreichen. Das Backblech in den vorgeheizten Backofen schieben und den Kuchen **etwa 30 Minuten** backen.

5 Das Backblech auf einen Kuchenrost stellen. Zum Bestreuen weiße und Zartbitter-Schokolade in dünne Streifen schneiden oder schaben und auf den lauwarmen Kuchen streuen. Kuchen auf dem Backblech erkalten lassen.

Die Cashewkerne können durch die gleiche Menge Macadamia-Nusskerne ersetzt werden.

Tipp

Möhren-Kirsch-Kuchen

Zubereitungszeit: 25 Minuten I Backzeit: etwa 30 Minuten

Pro Stück: E: 3 g, F: 12 g, Kh: 28 g, kJ: 1016, kcal: 243 I etwa 20 Stücke

Für den All-in-Teig:

2 Gläser Sauerkirschen (Abtropfgewicht je 370 g)

3 Möhren (250 g)

1 Pck. Dr. Oetker Finesse Geriebene Zitronenschale

120 g Zucker

180 g Weizenmehl

3 gestr. TL Dr. Oetker Backin

70 g Hartweizengrieß

1 gestr. TL gemahlener Zimt

100 g abgezogene, gemahlene Mandeln

3 Eier (Größe M)

200 g weiche Butter oder Margarine

Für den Guss:

100 g Puderzucker

1–2 EL Kirschsaft aus dem Glas

1 Für den Teig Kirschen auf einem Sieb abtropfen lassen, dabei 2 Esslöffel Saft für den Guss auffangen. Möhren putzen, schälen, abspülen, abtropfen lassen und auf der feinen Seite der Haushaltsreibe reiben. Geriebene Möhren mit Zitronenschale und Zucker mischen.

2 Ein Backblech (30 x 40 cm) fetten. Den Backofen vorheizen.
Ober-/Unterhitze: etwa 180 °C
Heißluft: etwa 160 °C

3 Mehl und Backpulver in einer Rührschüssel mischen. Möhrenmasse und restliche Zutaten außer den Kirschen hinzufügen und alles mit Handrührgerät mit Rührbesen erst kurz auf niedrigster, dann auf höchster Stufe in etwa 2 Minuten zu einem glatten Teig verarbeiten. Dann Kirschen unterheben.

4 Den Teig auf das Backblech geben und verstreichen. Das Backblech in den vorgeheizten Backofen schieben. Den Kuchen **etwa 30 Minuten** backen.

5 Für den Guss Puderzucker nach und nach mit 1–2 Esslöffeln Kirschsaft verrühren, so dass ein dickflüssiger Guss entsteht. Den Guss in einen kleinen Gefrierbeutel füllen und eine kleine Ecke abschneiden.

6 Das Backblech auf einen Kuchenrost stellen. Den Guss auf den heißen Kuchen sprenkeln. Den Kuchen erkalten lassen.

Für einen weißen Zuckerguss ersetzen Sie den Kirschsaft durch die gleiche Menge Zitronensaft.

Tipp

Blätterteig-Mango-Kuchen

Zubereitungszeit: 25 Minuten, ohne Auftau- und Kühlzeit I Backzeit: etwa 30 Minuten
Pro Stück: E: 7 g, F: 21 g, Kh: 26 g, kJ: 1342, kcal: 321 I etwa 20 Stücke

1 Pck. TK-Blätterteig
(450 g, 6 rechteckige Scheiben)

Für den Belag:

3 Dosen Mangoscheiben
(Abtropfgewicht je 250 g)

250 ml (¼ l) Mangosaft aus den Dosen

800 g Doppelrahm-Frischkäse

100 g Crème fraîche

3 Eier (Größe M)

100 g Zucker

2 EL Zitronensaft

Für den Guss:

1 Pck. Tortenguss, klar

2 EL Zucker

2 EL Zitronensaft

1 Blätterteig nach Packungsanleitung auftauen lassen. Ein tiefes Backblech oder eine Fettpfanne (30 x 40 cm) fetten. Den Backofen vorheizen.
Ober-/Unterhitze: etwa 200 °C
Heißluft: etwa 180 °C

2 Für den Belag Mangoscheiben auf einem Sieb abtropfen lassen, dabei den Saft auffangen. 250 ml (¼ l) davon abmessen und für den Guss bereitstellen. Frischkäse mit Crème fraîche, Eiern, Zucker und Zitronensaft verrühren.

3 Die Teigplatten auf der leicht bemehlten Arbeitsfläche aufeinanderlegen und zu einer Platte (35 x 45 cm) ausrollen, auf das Backblech oder in die Fettpfanne legen und kurz ruhen lassen (der Teig zieht sich etwas zusammen). Inzwischen die Mangostücke der Länge nach in schmale Streifen schneiden.

4 Den Teig mehrfach mit einer Gabel einstechen. Die Frischkäsemasse auf den Teig streichen und mit Mangostreifen belegen. Das Backblech in den vorgeheizten Backofen schieben und den Kuchen **etwa 30 Minuten** backen.

5 Das Backblech auf einen Kuchenrost stellen und den Kuchen darauf erkalten lassen.

6 Für den Guss Tortengusspulver nach Packungsanleitung mit Zucker, Zitronen- und Mangosaft zubereiten. Den Guss sofort und schnell mit einem Esslöffel von innen nach außen auf dem Kuchen verteilen. Den Guss fest werden lassen.

Orangen-Marzipan-Kuchen

Zubereitungszeit: 30 Minuten, ohne Auftau- und Ruhezeit I Backzeit: etwa 30 Minuten

Pro Stück: E: 3 g, F: 14 g, Kh: 17 g, kJ: 888, kcal: 212 I etwa 25 Stücke

1 Pck. (450 g, 6 Scheiben) TK-Blätterteig

Für die Füllung:

1 Bio-Orange (unbehandelt)

150 ml Orangensaft
(von der Bio-Orange plus Handelsware)

400 g Marzipan-Rohmasse

100 g weiche Butter

30 g Hartweizengrieß

25 g gemahlene Pistazienkerne

1 Ei (Größe M)

80 g Zucker

Zum Bestreichen:

2 EL Schlagsahne

Zum Bestäuben:

Puderzucker

1 Blätterteig nach Packungsanleitung auftauen lassen. Für die Füllung die Orange heiß abspülen und trocken tupfen. Die Orangenschale dünn abreiben. Die Orange auspressen. Ein Backblech (30 x 40 cm) fetten. Den Backofen vorheizen.
Ober-/Unterhitze: etwa 200 °C
Heißluft: etwa 180 °C

2 Marzipan-Rohmasse in kleine Würfel schneiden. Marzipan und Butter in eine Rührschüssel geben und mit Handrührgerät mit Rührbesen glatt rühren. Restliche Zutaten, Orangenschale und Orangensaft hinzufügen und zu einer glatten Masse rühren.

3 Vier der Teigplatten auf der leicht bemehlten Arbeitsfläche aufeinanderlegen und zu einer Platte (33 x 43 cm) ausrollen, auf das Backblech legen und ruhen lassen (Teig zieht sich etwas zusammen). Die restlichen Teigplatten ebenfalls aufeinanderlegen, zu einem Quadrat (27 x 27 cm) ausrollen und ruhen lassen.

4 Den Teig auf dem Backblech mehrfach mit einer Gabel einstechen. Marzipanmasse auf dem Teig verteilen und verstreichen.

5 Restlichen Teig mit Sahne bestreichen und mit einem Pizzaroller oder scharfen Messer zu einem Quadrat (25 x 25 cm) schneiden. Dann den Teig in Quadrate (5 x 5 cm) schneiden. Die Quadrate mit der bestrichenen Seite nach oben auf der Marzipanfüllung verteilen. Das Backblech in den vorgeheizten Backofen schieben und den Kuchen **etwa 30 Minuten** backen.

6 Das Backblech auf einen Kuchenrost stellen und den Kuchen darauf erkalten lassen. Anschließend den Kuchen mit Puderzucker bestäuben.

Sehr gut schmeckt griechischer Joghurt oder Sahnejoghurt zum Kuchen.

Tipp

Bananen-Frischkäse-Kuchen

Zubereitungszeit: 25 Minuten, ohne Kühlzeit I Backzeit: etwa 40 Minuten
Pro Stück: E: 8 g, F: 25 g, Kh: 27 g, kJ: 1528, kcal: 365 I etwa 20 Stücke

Für den Knetteig:

250 g Weizenmehl

½ TL Dr. Oetker Backin

80 g brauner Zucker (Rohrzucker)

1 Prise Salz

1 Ei (Größe M)

170 g Butter oder Margarine

Für die Frischkäsemasse:

1 Bio-Limette (unbehandelt)

3 reife Bananen (etwa 500 g)

300 g saure Sahne

800 g Doppelrahm-Frischkäse

120 g Zucker

3 Eier (Größe M)

Zum Garnieren:

etwa 100 g kleine Schokoladenherzen

1 Ein tiefes Backblech oder eine Fettpfanne (30 x 40 cm) fetten. Den Backofen vorheizen.
Ober-/Unterhitze: etwa 180 °C
Heißluft: etwa 160 °C

2 Für den Teig Mehl und Backpulver in einer Rührschüssel mischen. Restliche Zutaten hinzufügen und mit Handrührgerät mit Knethaken zunächst kurz auf niedrigster, dann auf höchster Stufe gut durcharbeiten. Anschließend den Teig auf der leicht bemehlten Arbeitsfläche kurz verkneten.

3 Den Teig auf der leicht bemehlten Arbeitsfläche zu einem Rechteck ausrollen, auf das Backblech oder in die Fettpfanne legen und darauf so ausrollen, dass das ganze Backblech bedeckt ist. Den Teig mit einer Gabel mehrfach einstechen. Das Backblech in den vorgeheizten Backofen schieben und den Boden **etwa 10 Minuten** vorbacken.

4 Für die Frischkäsemasse inzwischen die Limette heiß abspülen, trocken tupfen und die Schale abreiben. Limette auspressen. Bananen schälen und mit Limettenschale, Limettensaft und saurer Sahne pürieren. Das Püree mit Frischkäse, Zucker und Eiern glatt rühren.

5 Die Creme auf den vorgebackenen, noch heißen Boden geben und glatt streichen. Das Backblech bei gleicher Backtemperatur wieder in den heißen Backofen schieben. Den Kuchen in **etwa 30 Minuten** fertig backen.

6 Das Backblech auf einen Kuchenrost stellen und den Kuchen darauf erkalten lassen. Anschließend den Kuchen mit Schokoladenherzen belegen und in Stücke schneiden.

Tipp

Statt mit Schokoladenherzen können Sie den Kuchen auch mit Raspelschokolade oder dünnen Schokotäfelchen belegen.

Apfelschnitten, saftig

Zubereitungszeit: 50 Minuten, ohne Abkühlzeit I Backzeit: etwa 20 Minuten

Pro Stück: E: 4 g, F: 17 g, Kh: 33 g, kJ: 1306, kcal: 312 I etwa 20 Stücke

Für die Streusel:

150 g Zwieback

100 g Kokosraspel

30 g Zucker

150 g Butter oder Margarine

Für den Biskuitteig:

4 Eier (Größe M)

3 EL heißes Wasser

120 g Zucker

1 Pck. Dr. Oetker Vanillin-Zucker

150 g Weizenmehl

2 gestr. TL Dr. Oetker Backin

Für den Belag:

3 Gläser Apfelkompott
(Einwaage je 370 g)

Zum Bestreichen:

400 g Schlagsahne

2 EL gesiebter Puderzucker

1 Pck. Dr. Oetker Sahnesteif

Zum Garnieren und Bestreuen:

1 großer roter Apfel

25 g Zucker

50 g Kokosraspel

1 Ein Backblech (30 x 40 cm) fetten. Den Backofen vorheizen.
Ober-/Unterhitze: etwa 200 °C
Heißluft: etwa 180 °C

2 Für die Streusel Zwieback in Stücke brechen und in einen Gefrierbeutel füllen. Beutel fest verschließen. Zwiebackstücke mit einer Teigrolle fein zerbröseln. Zwiebackbrösel, Kokosraspel, Zucker und Butter oder Margarine in eine Rührschüssel geben. Die Zutaten mit Handrührgerät mit Rührbesen auf niedrigster Stufe zu feinen Streuseln verarbeiten. Die Streusel auf das Backblech geben und andrücken.

3 Für den Biskuitteig Eier und Wasser mit Handrührgerät mit Rührbesen auf höchster Stufe in 1 Minute schaumig schlagen. Zucker und Vanillin-Zucker mischen, in 1 Minute unter Rühren einstreuen, dann noch 2 Minuten weiterschlagen.

4 Mehl und Backpulver mischen und kurz auf niedrigster Stufe unterrühren. Den Biskuitteig vorsichtig auf den Streuselteig geben und glatt streichen. Das Backblech in den vorgeheizten Backofen schieben. Den Kuchen **etwa 20 Minuten** backen.

5 Das Backblech auf einen Kuchenrost stellen. Den Kuchen sofort mit einem Holzstäbchen dicht an dicht einstechen. Einen Backrahmen um den Kuchen stellen.

6 Apfelkompott auf den heißen Kuchen geben und glatt streichen. Den Kuchen erkalten lassen.

7 Sahne mit Puderzucker und Sahnesteif steif schlagen. Die Sahne auf das Apfelkompott geben und glatt streichen.

8 Apfel waschen, vierteln, entkernen und in dünne Spalten schneiden. Zucker in einer großen Pfanne hellbraun karamellisieren lassen. Apfelspalten portionsweise hineingeben und jeweils etwa 2 Minuten von beiden Seiten leicht garen und erkalten lassen.

9 Kokosraspel in einer Pfanne ohne Fett bei schwacher Hitze goldbraun rösten und auf einem Teller erkalten lassen. Danach Apfelspalten auf den Kuchen legen und mit Kokosraspeln bestreuen.

Mandarinen-Schmand-Kuchen

Zubereitungszeit: 45 Minuten, ohne Kühlzeit I Backzeit: etwa 40 Minuten

Pro Stück: E: 5 g, F: 13 g, Kh: 43 g, kJ: 1312, kcal: 163 I etwa 20 Stücke

Für den Quark-Öl-Teig:

300 g Weizenmehl

3 gestr. TL Dr. Oetker Backin

75 g Zucker

1 Pck. Dr. Oetker Vanillin-Zucker

1 Prise Salz

125 g Magerquark

100 ml Milch

100 ml Speiseöl (z. B. Sonnenblumenöl)

Für den Belag:

4 Dosen Mandarinen (Abtropfgewicht je 175 g)

2 Pck. Dr. Oetker Pudding-Pulver Vanille-Geschmack

100 g Zucker

750 ml (¾ l) Milch

500 g Schmand (Sauerrahm)

50 g gestiftelte Mandeln

Für den Guss:

200 g Puderzucker

3 EL Zitronensaft

1 Ein Backblech (30 x 40 cm) fetten. Den Backofen vorheizen.
Ober-/Unterhitze: etwa 180 °C
Heißluft: etwa 160 °C

2 Für den Teig Mehl mit Backpulver mischen und in eine Rührschüssel sieben. Restliche Zutaten für den Teig hinzufügen und alles mit Handrührgerät mit Knethaken erst kurz auf niedrigster, dann auf höchster Stufe zu einem glatten Teig verarbeiten (nicht zu lange kneten, Teig klebt sonst). Anschließend den Teig auf der leicht bemehlten Arbeitsfläche zu einer Rolle formen. Den Teig auf dem Backblech ausrollen und einen Backrahmen darumstellen.

3 Für den Belag Mandarinen auf einem Sieb gut abtropfen lassen. Aus Pudding-Pulver, Zucker und Milch nach Packungsanleitung, aber mit den hier angegebenen Zutaten einen Pudding kochen. Schmand unterrühren und die warme Masse auf den Teig streichen. Danach Mandarinen auf der Pudding-Schmand-Masse verteilen, Mandeln darüber streuen und das Backblech in den vorgeheizten Backofen schieben. Den Kuchen **etwa 40 Minuten** backen.

4 Das Backblech auf einen Kuchenrost stellen und den Kuchen darauf erkalten lassen. Anschließend den Backrahmen vorsichtig mit einem Messer lösen und entfernen.

5 Für den Guss Puderzucker mit so viel Zitronensaft anrühren, dass ein dickflüssiger Guss entsteht. Den Guss mit einem Teelöffel über den Kuchen sprenkeln.

Abwandlung: Nach Belieben 4 Esslöffel Aprikosenkonfitüre durch ein Sieb streichen, mit 2 Esslöffeln Wasser in einem kleinen Topf etwas einkochen lassen und den noch warmen Kuchen damit bestreichen. Dann die Mandeln nicht mitbacken, sondern in einer Pfanne ohne Fett bräunen, auf einem Teller erkalten lassen und zum Schluss auf dem Kuchen verteilen.

Tipp

Wenn Sie keinen Backrahmen haben, können Sie den Kuchen auch in einer Fettpfanne backen.

Saure-Sahne-Schnitten, fruchtig

Zubereitungszeit: 35 Minuten I Backzeit: etwa 20 Minuten

Pro Stück: E: 5 g, F: 19 g, Kh: 35 g, kJ: 1439, kcal: 344 I etwa 20 Stücke

Für den Schüttelteig:

300 g Weizenmehl

3 gestr. TL Dr. Oetker Backin

200 g Zucker

1 Pck. Dr. Oetker Vanillin-Zucker

1 Pck. Dr. Oetker Finesse Geriebene Zitronenschale

4 Eier (Größe M)

150 ml Speiseöl (z. B. Rapsöl)

150 ml Mineralwasser

Für die Saure-Sahne-Creme:

6 Blatt weiße Gelatine

450 g saure Sahne

50 g Zucker

500 g Schlagsahne

Für den Belag:

1 kg vorbereitetes Beerenobst (Himbeeren, Brombeeren, Heidelbeeren und rote Johannisbeeren)

einige Minzeblätter

2 Pck. Tortenguss, klar

2 EL Zucker

500 ml (½ l) Flüssigkeit (Apfelsaft und/oder Wein)

1 Ein Backblech (30 x 40 cm) fetten und mehlen. Den Backofen vorheizen. Ober-/Unterhitze: etwa 180 °C Heißluft: etwa 160 °C

2 Für den Teig Mehl mit Backpulver, Zucker, Vanillin-Zucker und Zitronenschale in einer verschließbaren Schüssel (etwa 3 l) mischen. Eier, Öl und Mineralwasser hinzufügen und die Schüssel mit dem Deckel fest verschließen. Schüssel mehrmals kräftig schütteln (insgesamt 15–30 Sekunden), so dass alle Zutaten gut vermischt sind.

3 Alles mit einem Schneebesen oder Rührlöffel nochmals sorgfältig durchrühren, damit trockene Zutaten vom Rand mit untergerührt werden. Den Teig auf das Backblech geben und glatt streichen. Das Backblech in den vorgeheizten Backofen schieben. Den Boden **etwa 20 Minuten** backen.

4 Gebäck auf einem Kuchenrost erkalten lassen und einen Backrahmen darumstellen.

5 Für die Saure-Sahne-Creme Gelatine nach Packungsanleitung einweichen. Saure Sahne mit Zucker verrühren. Gelatine in einem Topf bei schwacher Hitze auflösen, mit etwas von der Saure-Sahne-Masse verrühren, dann Mischung unter die restliche Saure-Sahne-Masse rühren und kalt stellen. Sobald die Masse beginnt dicklich zu werden, Sahne steif schlagen und unterheben. Creme auf das erkaltete Gebäck streichen und den Kuchen etwa 2 Stunden kalt stellen.

6 Für den Belag vorbereitetes Obst auf dem Kuchen verteilen und einige Minzeblätter darauf legen.

7 Aus Tortenguss, Zucker und Flüssigkeit nach Packungsanleitung einen Guss zubereiten, kurz abkühlen lassen, auf den Früchten verteilen und fest werden lassen.

Tipp

Anstelle des Beerenobstes können auch verschiedene Melonenarten oder grüne Früchte (Kiwis, Stachelbeeren, Weintrauben) verwendet werden. Kuchen maximal einen Tag vor dem Verzehr zubereiten. Anstelle der sauren Sahne schmecken die Schnitten auch mit Dickmilch.

Erdbeer-Käsekuchen

Zubereitungszeit: 70 Minuten, ohne Abkühlzeit I Backzeit: etwa 45 Minuten
Pro Stück: E: 8 g, F: 24 g, Kh: 43 g, kJ: 1783, kcal: 426 I etwa 20 Stücke

Für den Knetteig:

300 g Weizenmehl
1 ½ gestr. TL Dr. Oetker Backin
150 g Zucker
1 Pck. Dr. Oetker Vanillin-Zucker
1 Prise Salz
200 g Butter oder Margarine

Für den Käsebelag:

250 g Butter oder Margarine
250 g Zucker
4 Eier (Größe M)
200 g Doppelrahm-Frischkäse
500 g Magerquark
1 Pck. Dr. Oetker Pudding-Pulver Vanille-Geschmack
Saft von 1 Zitrone
1 Pck. Dr. Oetker Finesse Geriebene Zitronenschale

Für den Erdbeerbelag:

etwa 1 ½ kg frische Erdbeeren
2 Pck. Tortenguss, rot
50 g Zucker
500 ml (½ l) Flüssigkeit (halb Wasser, halb Apfelsaft)

1 Ein Backblech (30 x 40 cm) fetten.

2 Für den Teig Mehl mit Backpulver mischen und in eine Rührschüssel sieben. Zucker, Vanillin-Zucker, Salz und Butter oder Margarine hinzufügen. Die Zutaten mit Handrührgerät mit Knethaken zunächst kurz auf niedrigster, dann auf höchster Stufe gut durcharbeiten.

3 Anschließend den Teig auf der leicht bemehlten Arbeitsfläche kurz verkneten. Sollte er kleben, ihn in Folie gewickelt eine Zeit lang kalt stellen. Den Teig auf dem Backblech ausrollen und einen Backrahmen darumstellen. Den Backofen vorheizen.
Ober-/Unterhitze: etwa 180 °C
Heißluft: etwa 160 °C

4 Für den Belag Butter oder Margarine mit Handrührgerät mit Rührbesen geschmeidig rühren. Zucker und Eier nach und nach unterrühren. Frischkäse, Quark, Pudding-Pulver, Zitronensaft und -schale hinzufügen. Die Zutaten zu einer glatten Masse verrühren. Die Quarkmasse auf dem Teig verstreichen und das Backblech anschließend in den vorgeheizten Backofen schieben. Den Kuchen **etwa 45 Minuten** backen.

5 Das Backblech auf einen Kuchenrost stellen und den Kuchen darauf erkalten lassen.

6 Für den Belag Erdbeeren waschen, gut abtropfen lassen, entstielen und halbieren. Erdbeerhälften auf den Gebäckboden legen. Aus Tortengusspulver, Zucker, Wasser und Apfelsaft nach Packungsanleitung einen Guss zubereiten und auf den Erdbeerhälften verteilen. Guss fest werden lassen. Anschließend den Backrahmen vorsichtig lösen und entfernen.

Grüne Welle

Zubereitungszeit: 45 Minuten | Backzeit: etwa 20 Minuten

Pro Stück: E: 4 g, F: 22 g, Kh: 33 g, kJ: 1523, kcal: 364 | etwa 20 Stücke

Für den All-in-Teig:

200 g Weizenmehl

3 gestr. TL Dr. Oetker Backin

200 g Zucker

1 Pck. Dr. Oetker Vanillin-Zucker

4 Eier (Größe M)

200 g Butter oder Margarine

Für den Puddingbelag:

250 g weiche Butter

1 Becher (500 g) Sahne-Pudding Bourbon-Vanille-Geschmack (aus dem Kühlregal)

25 g Kokosfett

Für den Fruchtbelag:

10 feste Kiwis

500 g grüne Weintrauben

1 kleine Honigmelone

Für den Guss:

2 Pck. Tortenguss, klar

500 ml (½ l) Apfelsaft

1 Ein Backblech (30 x 40 cm) fetten und mehlen. Den Backofen vorheizen.
Ober-/Unterhitze: etwa 180 °C
Heißluft: etwa 160 °C

2 Für den Teig Mehl mit Backpulver in einer Rührschüssel mischen. Restliche Zutaten hinzufügen und alles mit Handrührgerät mit Rührbesen auf höchster Stufe in etwa 2 Minuten zu einem Teig verarbeiten. Den Teig auf das Backblech geben und glatt streichen. Das Backblech in den vorgeheizten Backofen schieben. Den Boden **etwa 20 Minuten** backen.

3 Den Boden auf dem Backblech auf einem Kuchenrost erkalten lassen.

4 Für den Puddingbelag Butter mit Handrührgerät mit Rührbesen geschmeidig rühren. Nach und nach esslöffelweise den Pudding darunter rühren (beide Zutaten müssen Zimmertemperatur haben, damit die Creme nicht gerinnt). Kokosfett auflösen und noch warm unterrühren. Buttercreme auf den erkalteten Boden streichen und Boden kalt stellen.

5 Für den Fruchtbelag Kiwis schälen und in Scheiben schneiden. Weintrauben waschen, evtl. halbieren und entkernen. Honigmelone schälen, halbieren, entkernen und in feine Spalten schneiden. Obst in wellenförmigen Reihen auf den Pudding legen.

6 Für den Guss aus Tortenguss und Saft nach Packungsanleitung einen Guss zubereiten, evtl. einen Backrahmen um den Boden stellen, Guss auf dem Obst verteilen und fest werden lassen.

Wenn die Welle am Vortag zubereitet wird, Kiwis kurz blanchieren, da die Buttercreme sonst leicht bitter wird.

Tipp

Heidelbeer-Knusper-Schnitten

Zubereitungszeit: 40 Minuten, ohne Kühlzeit

Pro Stück: E: 4 g, F: 18 g, Kh: 29 g, kJ: 1247, kcal: 298 I etwa 20 Stücke

Für den Knusperboden:

250 g Zartbitter-Kuvertüre

150 g knusprige Haferfleks (von Kölln)

Für den Belag:

600 g frische Heidelbeeren

10 Blatt weiße Gelatine

600 g saure Sahne

2–3 EL Zitronensaft

125 g Zucker

500 g Schlagsahne

Zum Verzieren:

200 g Heidelbeerkonfitüre oder rotes Johannisbeergelee

2–3 EL Johannisbeernektar

1 Ein Backblech (30 x 40 cm) fetten und mit Backpapier belegen.

2 Für den Boden die Kuvertüre grob hacken und in einem kleinen Topf im Wasserbad bei schwacher Hitze unter Rühren schmelzen lassen. Kuvertüre mit den Haferfleks gut verrühren.

3 Die Masse auf dem Backblech verteilen und mit einem Esslöffel andrücken. Den Knusperboden kalt stellen und fest werden lassen.

4 Für den Belag in der Zwischenzeit Heidelbeeren verlesen, abspülen, abtropfen lassen und trocken tupfen. Gelatine nach Packungsanleitung einweichen. Saure Sahne mit Zitronensaft und Zucker verrühren. Gelatine leicht ausdrücken und in einem kleinen Topf bei schwacher Hitze unter Rühren auflösen.

5 Die aufgelöste Gelatine zuerst mit einigen Löffeln von der Masse verrühren, dann gut mit der restlichen Masse verrühren und die Mischung kalt stellen.

6 Sobald die Masse anfängt dicklich zu werden, Sahne steif schlagen und mit der Hälfte der Heidelbeeren unterheben. Sahnecreme auf den Gebäckboden geben und glatt streichen. Restliche Heidelbeeren darauf verteilen. Den Kuchen 2–3 Stunden kalt stellen.

7 Zum Verzieren Konfitüre oder Gelee mit Nektar glatt rühren (evtl. durch ein Sieb streichen) und in einen Gefrierbeutel füllen. Eine kleine Spitze davon abschneiden und die Kuchenoberfläche schlierenartig damit verzieren. Kuchen in Stücke schneiden.

Tipp

Verwenden Sie zum Verzieren anstelle von Johannisbeernektar Cassis-Likör.

Himbeer-Joghurt-Schnitten

Zubereitungszeit: 40 Minuten, ohne Kühlzeit I Backzeit: 15–20 Minuten

Pro Stück: E: 30 g, F: 12 g, Kh: 19 g, kJ: 1357, kcal: 324 I etwa 25 Stücke

Für den Biskuitteig:

50 g Butter

3 Eier (Größe M)

100 g Zucker

1 Pck. Dr. Oetker Vanillin-Zucker

100 g Weizenmehl

1 Msp. Dr. Oetker Backin

Zum Bestreichen:

100 g Zartbitter-Kuvertüre

Für die Füllung:

4 Blatt weiße Gelatine

6 Becher (je 150 g) Götterspeise
Himbeer-Geschmack

500 g Naturjoghurt

50 g Zucker

400 g Schlagsahne

200 g frische Himbeeren

Zum Garnieren:

200 g Schlagsahne

1 Pck. Dr. Oetker Sahnesteif

1 Becher (150 g) Götterspeise
Himbeer-Geschmack

100 g frische Himbeeren

1 Ein Backblech fetten, mit Backpapier belegen und einen Backrahmen (25 x 25 cm) darauf stellen. Den Backofen vorheizen.
Ober-/Unterhitze: etwa 180 °C
Heißluft: etwa 160 °C

2 Für den Teig Butter zerlassen und abkühlen lassen. Eier mit Handrührgerät mit Rührbesen auf höchster Stufe in 1 Minute schaumig schlagen. Zucker mit Vanillin-Zucker mischen, in 1 Minute unter Rühren einstreuen, dann noch 2 Minuten weiterschlagen. Mehl mit Backpulver mischen, kurz auf niedrigster Stufe unterrühren. Butter kurz unterrühren.

3 Den Teig in den Backrahmen füllen und glatt streichen. Das Backblech in den vorgeheizten Backofen schieben. Den Biskuit **15–20 Minuten** backen.

4 Den Biskuit vorsichtig vom Backrahmen lösen und den Backrahmen entfernen. Biskuit auf ein mit Zucker bestreutes Backpapier stürzen und erkalten lassen. Kuvertüre in einem kleinen Topf im Wasserbad bei schwacher Hitze unter Rühren schmelzen lassen. Den Gebäckboden damit bestreichen und die Kuvertüre fest werden lassen. Boden wenden, so dass die Schokoseite unten liegt. Den gesäuberten Backrahmen darumstellen.

5 Für die Füllung Gelatine nach Packungsanleitung einweichen. Dann 5 Becher von der Götterspeise in einen Topf geben und langsam erwärmen. Götterspeise aus dem sechsten Becher stürzen und in Würfel schneiden. Gelatine ausdrücken und mit der Götterspeise im Topf unter Rühren auflösen. Die Masse etwas abkühlen lassen. Joghurt und Zucker unterrühren und die Masse kalt stellen.

6 Wenn die Masse beginnt dicklich zu werden, Sahne steif schlagen und mit der gewürfelten Götterspeise und verlesenen Himbeeren unterheben. Die Masse auf den Gebäckboden füllen.

7 Zum Garnieren Sahne mit Sahnesteif steif schlagen. Sahne in einen Spritzbeutel mit kleiner Sterntülle füllen. Sahne als kleine Tupfer tief in die Creme spritzen. Den Kuchen mit gewürfelter Götterspeise und Himbeeren bestreuen und etwa 2 Stunden kalt stellen.

8 Vor dem Servieren den Backrahmen mit einem Messer lösen und entfernen. Den Kuchen in Quadrate schneiden.

Joghurt-Frucht-Schnitten

Zubereitungszeit: 60 Minuten, ohne Kühlzeit I Backzeit: etwa 10 Minuten

Pro Stück: E: 6 g, F: 11 g, Kh: 34 g, kJ: 1107, kcal: 264 I etwa 20 Stücke

Für den Biskuitteig:

4 Eier (Größe M)

125 g Zucker

1 Pck. Dr. Oetker Vanillin-Zucker

1 Pck. Dr. Oetker Finesse Geriebene Zitronenschale

100 g Weizenmehl

2 gestr. TL Dr. Oetker Backin

25 g Speisestärke

Für die Füllung:

15 Blatt weiße Gelatine

2 Dosen Fruchtcocktail (Abtropfgewicht je 500 g)

1 kg Vanille-Joghurt

80 g Zucker

Saft von 2 Zitronen

500 g Schlagsahne

Für den Guss:

2 Pck. Tortenguss, rot

3 EL Zucker

250 ml (¼ l) Fruchtsaft (aus der Dose)

250 ml (¼ l) Wasser

1 Ein Backblech (30 x 40 cm) fetten und einen Backrahmen in Backblechgröße daraufstellen. Den Backofen vorheizen.
Ober-/Unterhitze: etwa 200 °C
Heißluft: etwa 180 °C

2 Für den Teig Eier in einer Rührschüssel mit Handrührgerät mit Rührbesen auf höchster Stufe in 1 Minute schaumig schlagen. Zucker mit Vanillin-Zucker und Zitronenschale mischen, unter Rühren in 1 Minute einstreuen und noch etwa 2 Minuten schlagen.

3 Mehl mit Backpulver und Speisestärke mischen und kurz auf niedrigster Stufe unterrühren. Den Teig in den Backrahmen geben und glatt streichen. Das Backblech in den vorgeheizten Backofen schieben. Den Biskuit **etwa 10 Minuten** backen.

4 Das Backblech auf einen Kuchenrost stellen und Biskuitplatte erkalten lassen.

5 Für die Füllung Gelatine nach Packungsanleitung einweichen. Fruchtcocktail auf einem Sieb abtropfen lassen, den Saft dabei auffangen und 250 ml (¼ l) davon abmessen.

6 Joghurt mit Zucker und Zitronensaft verrühren. Ausgedrückte Gelatine in einem kleinen Topf bei schwacher Hitze unter Rühren auflösen. Etwa 4 Esslöffel der Joghurtmasse mit der Gelatine verrühren, dann mit der restlichen Joghurtmasse verrühren, kalt stellen.

7 Sahne steif schlagen. Wenn die Joghurtmasse anfängt dicklich zu werden, Sahne vorsichtig unterheben. Fruchtcocktail auf der Biskuitplatte verteilen. Joghurt-Sahne-Creme darauf geben und glatt streichen.

8 Für den Guss aus Tortengusspulver, Zucker, Saft und Wasser nach Packungsanleitung (aber nur mit 3 Esslöffeln Zucker) einen Guss zubereiten. Den heißen Guss sofort auf der Joghurt-Sahne-Creme verteilen, so dass eine „Marmorierung" von Füllung und Guss entsteht. Den Kuchen mindestens 3 Stunden kalt stellen (am besten über Nacht).

9 Den Backrahmen lösen und entfernen. Den Kuchen in Stücke schneiden.

Johannisbeer-Käsekuchen

Zubereitungszeit: 65 Minuten, ohne Abkühlzeit I Backzeit: etwa 60 Minuten

Pro Stück: E: 9 g, F: 9 g, Kh: 27 g, kJ: 975, kcal: 233 I etwa 20 Stücke

Zum Vorbereiten:

etwa 500 g frische Johannisbeeren

Für den Streuselteig:

250 g Weizenmehl

1 gestr. TL Dr. Oetker Backin

75 g Zucker

1 Pck. Dr. Oetker Vanillin-Zucker

150 g weiche Butter oder Margarine

Für die Füllung:

4 Eiweiß (Größe M)

4 Eigelb (Größe M)

750 g Magerquark

1 Pck. Dr. Oetker Finesse Geriebene Zitronenschale

150 g Zucker

250 ml (¼ l) Milch

1 Pck. Käsekuchen-Hilfe

Zum Bestreuen:

50 g abgezogene, gehobelte Mandeln

1 Zum Vorbereiten Johannisbeeren waschen, abtropfen lassen und entstielen. Eine Fettpfanne (30 x 40 cm) fetten. Den Backofen vorheizen.
Ober-/Unterhitze: etwa 180 °C
Heißluft: etwa 160 °C

2 Für den Teig Mehl mit Backpulver mischen und in eine Rührschüssel sieben. Restliche Zutaten hinzufügen und mit Handrührgerät mit Rührbesen auf höchster Stufe zu feinen Streuseln verarbeiten. Den Teig in der Fettpfanne verteilen und leicht andrücken. Die Fettpfanne in den vorgeheizten Backofen schieben und den Boden **etwa 15 Minuten** vorbacken.

3 Die Fettpfanne auf einen Kuchenrost stellen und den Boden etwas abkühlen lassen. Die Backofentemperatur reduzieren.
Ober-/Unterhitze: etwa 160 °C
Heißluft: etwa 140 °C

4 Für die Füllung Eiweiß sehr steif schlagen. Eigelb mit Quark, Zitronenschale, Zucker und Milch geschmeidig rühren. Käsekuchen-Hilfe unterrühren und Eischnee unterheben.

5 Die Quarkmasse auf den vorgebackenen Boden geben und glatt streichen. Johannisbeeren darauf verteilen und mit Mandeln bestreuen. Die Fettpfanne im unteren Drittel in den heißen Backofen schieben und den Kuchen in **etwa 45 Minuten** fertig backen.

6 Die Fettpfanne auf einen Kuchenrost stellen und den Kuchen erkalten lassen.

Sie können den Kuchen auch mit TK-Johannisbeeren zubereiten, dann die Johannisbeeren vorher etwas antauen lassen.

Tipp

Pflaumen-Grieß-Kuchen

Zubereitungszeit: 40 Minuten I Backzeit: etwa 45 Minuten
Pro Stück: E: 6 g, F: 23 g, Kh: 51 g, kJ: 1820, kcal: 434 I etwa 20 Stücke

Für den Streuselteig:

350 g Weizenmehl
1 TL Dr. Oetker Backin
150 g Zucker
2 Pck. Dr. Oetker Vanillin-Zucker
2 Eier (Größe M)
100 g weiche Butter oder Margarine

Für den Belag:

2 Gläser Pflaumenhälften
(Abtropfgewicht je 385 g)
200 g Pflaumenmus
1 l Milch
1 kg Schlagsahne
4 Pck. Creme Pudding Garant Grieß

1 Für den Belag Pflaumenhälften auf einem Sieb gut abtropfen lassen. Eine Fettpfanne (30 x 40 cm) fetten. Den Backofen vorheizen.
Ober-/Unterhitze: etwa 180 °C
Heißluft: etwa 160 °C

2 Für den Teig Mehl mit Backpulver in einer Rührschüssel mischen. Zucker, Vanillin-Zucker, Eier und Butter oder Margarine hinzufügen und die Zutaten mit Handrührgerät mit Knethaken zu Streuseln verarbeiten. Die Streusel in die Fettpfanne geben und zu einem Boden andrücken.

3 Den Teigboden mit Pflaumenmus bestreichen, dabei einen etwa 1 cm breiten Rand frei lassen. Die Pflaumenhälften auf dem Pflaumenmus verteilen.

4 Milch und Sahne in einem Topf zum Kochen bringen, Topf von der Kochstelle nehmen und Garant Pudding-Pulver hinzufügen, mit einem Schneebesen in etwa 1 Minute zu einer Creme verrühren. Die Grießcreme vom Rand aus auf die Pflaumenhälften geben und glatt streichen. Die Fettpfanne in den vorgeheizten Backofen schieben. Den Kuchen **etwa 45 Minuten** backen.

5 Den Kuchen 10 Minuten im ausgeschalteten Backofen stehen lassen, dann die Fettpfanne auf einen Kuchenrost stellen und den Kuchen erkalten lassen.

Aprikosen-Kirsch-Kuchen *(Titelrezept)*

Zubereitungszeit: 30 Minuten, ohne Teiggehzeit, Backzeit: etwa 45 Minuten

Für den Hefeteig 375 g Weizenmehl in einer Rührschüssel mit 1 Pck. Dr. Oetker Trockenbackhefe vermischen. 50 g Zucker, 1 Pck. Dr. Oetker Vanillin-Zucker, 1 Prise Salz, 1 Ei (Größe M), 50 g zerlassene abgekühlte Butter und 200 ml lauwarme Milch zufügen. Die Zutaten mit Handrührgerät mit Knethaken zunächst kurz auf niedrigster, dann auf höchster Stufe in etwa 5 Minuten zu einem Teig verarbeiten. Den Teig zugedeckt so lange an einem warmen Ort gehen lassen, bis er sich sichtbar vergrößert hat. Den Teig leicht mit Mehl bestäuben, aus der Schüssel nehmen, auf der bemehlten Arbeitsfläche nochmals kurz durchkneten und auf einem Backblech (30 x 40 cm, gefettet) ausrollen. Den Teig gehen lassen, bis er sich sichtbar vergrößert hat. Inzwischen den Backofen vorheizen: Ober-/Unterhitze: etwa 180 °C, Heißluft: etwa 160 °C. 1 Glas Kaiserkirschen (Abtropfgewicht 390 g) und 2 Dosen Aprikosenhälften (Abtropfgewicht je 490 g) abtropfen lassen. **Für die Quarkmasse** 500 g Schichtkäse mit 200 g Schmand, 150 g Zucker, 2 Eiern (Größe M), 1 Pck. Dr. Oetker Bourbon-Vanille-Zucker, 1 Pck. Dr. Oetker Finesse Orangenschalen-Aroma und 1 Pck. Dr. Oetker Pudding-Pulver Vanille-Geschmack gut verrühren. Die Quarkmasse auf den Teig geben und glatt streichen. Kirschen und Aprikosen darauf verteilen. **Für den Guss** 2 Eier (Größe M) mit 1 Pck. Dr. Oetker Bourbon-Vanille-Zucker, 75 g Zucker und 75 g Schlagsahne verrühren, auf den Früchten verteilen. Das Backblech in den vorgeheizten Backofen schieben und den Kuchen **etwa 45 Minuten** backen. Sofort nach dem Backen 1–2 Esslöffel Zucker und 20 g geröstete, gehobelte Mandeln auf den Kuchen streuen.

Kirschnesterkuchen

Zubereitungszeit: 45 Minuten I Backzeit: etwa 45 Minuten

Pro Stück: E: 12 g, F: 24 g, Kh: 47 g, kJ: 1903, kcal: 454 I etwa 20 Stücke

Zum Vorbereiten:

1 Glas Sauerkirschen
(Abtropfgewicht 370 g)

Für den Knetteig:

425 g Weizenmehl

40 g Kakaopulver

3 gestr. TL Dr. Oetker Backin

200 g Zucker

2 Pck. Dr. Oetker Vanillin-Zucker

2 Eier (Größe M)

250 g Butter oder Margarine

Für die Füllung:

250 g Butter

1 kg Magerquark

250 g Zucker

2 Pck. Dr. Oetker Pudding-Pulver
Vanille-Geschmack

4 Eier (Größe M)

1 Zum Vorbereiten Sauerkirschen auf einem Sieb gut abtropfen lassen. Ein Backblech (30 x 40 cm) fetten.

2 Für den Teig Mehl mit Kakao und Backpulver mischen und in eine Rührschüssel sieben. Zucker, Vanillin-Zucker, Eier und Butter oder Margarine hinzufügen. Die Zutaten mit Handrührgerät mit Knethaken zunächst kurz auf niedrigster, dann auf höchster Stufe gut durcharbeiten.

3 Anschließend den Teig auf der leicht bemehlten Arbeitsfläche kurz verkneten. Sollte er kleben, ihn in Folie gewickelt eine Zeit lang kalt stellen. Zwei Drittel des Teiges auf dem Backblech ausrollen. Den Backofen vorheizen.
Ober-/Unterhitze: etwa 180 °C
Heißluft: etwa 160 °C

4 Für die Füllung Butter zerlassen und abkühlen lassen. Quark mit Zucker, Pudding-Pulver und Eiern in eine Rührschüssel geben. Die Zutaten mit Handrührgerät mit Rührbesen zu einer geschmeidigen Masse verrühren. Zuletzt Butter oder Margarine unterrühren. Die Quarkmasse auf den Teigboden geben und glatt streichen.

5 Die abgetropften Sauerkirschen in „Nestern" auf die Quarkmasse geben. Restlichen Teig in Stücke zupfen, evtl. etwas Mehl unterkneten und dekorativ zwischen den Kirschen verteilen. Das Backblech in den vorgeheizten Backofen schieben. Den Kuchen **etwa 45 Minuten** backen.

6 Das Backblech auf einen Kuchenrost stellen. Kuchen darauf erkalten lassen.

Tipp

Der Kuchen kann am Vortag zubereitet werden.
Anstelle von Sauerkirschen Stachelbeeren oder Aprikosenhälften verwenden.

Ruck-Zuck-Orangenrolle

Zubereitungszeit: 40 Minuten, ohne Kühlzeit | Backzeit: etwa 10 Minuten

Pro Stück: E: 4 g, F: 14 g, Kh: 32 g, kJ: 1131, kcal: 270 | etwa 16 Stücke

Für den Biskuitteig:

50 g Butter

4 Eier (Größe M)

1 Eigelb (Größe M)

75 g Zucker

1 Pck. Dr. Oetker Vanillin-Zucker

125 g Weizenmehl

knapp ½ TL Dr. Oetker Backin

Für die Füllung:

3–4 Orangen

1 Glas (340 g) Orangenmarmelade

½ Pck. Dr. Oetker Finesse Orangen-
schalen-Aroma

Zum Bestreichen:

400 g Schlagsahne

1 Pck. Saucenpulver Vanille-Geschmack
ohne Kochen

Zum Garnieren:

50 g Orangenschokolade

1 Für den Teig Butter zerlassen und abkühlen lassen. Ein Backblech (30 x 40 cm) fetten und mit Backpapier belegen. Den Backofen vorheizen.
Ober-/Unterhitze: etwa 200 °C
Heißluft: etwa 180 °C

2 Eier und Eigelb mit Handrührgerät mit Rührbesen auf höchster Stufe in 1 Minute schaumig schlagen. Zucker und Vanillin-Zucker mischen, in 1 Minute einstreuen, dann noch etwa 2 Minuten weiterschlagen.

3 Mehl mit Backpulver mischen und kurz auf niedrigster Stufe unterrühren. Zuletzt die flüssige Butter kurz unterrühren. Den Teig auf das Backblech geben und glatt streichen. Das Backblech in den vorgeheizten Backofen schieben. Den Biskuit **etwa 10 Minuten** backen.

4 Den Gebäckrand mit einem Messer vom Backblech lösen. Gebäckplatte auf ein mit wenig Zucker bestreutes Backpapier stürzen und mitgebackenes Backpapier abziehen.

5 Für die Füllung Orangen so schälen, dass die weiße Haut mit entfernt wird und die Orangen filetieren. Orangenmarmelade mit Orangenschalen-Aroma verrühren, auf die Gebäckplatte streichen und mit den abgetropften Filets belegen. Die Rolle mit Hilfe des Backpapiers aufrollen und kalt stellen.

6 Zum Bestreichen Schlagsahne mit Saucenpulver steif schlagen und die Biskuitrolle damit bestreichen.

7 Zum Garnieren Schokolade mit einem Sparschäler schaben und die Rolle damit garnieren. Die Rolle bis zum Servieren kalt stellen.

Mangorolle, exotisch

Zubereitungszeit: 40 Minuten, ohne Kühlzeit I Backzeit: 8–10 Minuten

Pro Stück: E: 5 g, F: 15 g, Kh: 19 g, kJ: 957, kcal: 228 I etwa 16 Stücke

Für den Biskuitteig:

4 Eier (Größe M)

1 Eigelb (Größe M)

75 g Zucker

1 Pck. Dr. Oetker Vanillin-Zucker

125 g Weizenmehl

1 EL Kakaopulver

½ TL Dr. Oetker Backin

20 g Kokosraspel, grob

Für die Füllung:

6 Blatt weiße Gelatine

1 Dose Mangos in Scheiben
(Abtropfgewicht 225 g)

125 ml (⅛ l) Maracujanektar

2 EL Zucker

1 Pck. Dr. Oetker Finesse Geriebene
Zitronenschale

100 g Physalis (Kapstachelbeeren)

250 g Schlagsahne

Zum Bestreuen, Bestreichen und Garnieren:

50 g Kokosraspel, grob

250 g Schlagsahne

1 Pck. Dr. Oetker Sahnesteif

einige frische Mangoscheiben

1 Ein Backblech (30 x 40 cm) fetten und mit Backpapier belegen. Den Backofen vorheizen.
Ober-/Unterhitze: etwa 200 °C
Heißluft: etwa 180 °C

2 Für den Teig Eier und Eigelb mit Handrührgerät mit Rührbesen auf höchster Stufe in 1 Minute schaumig schlagen. Zucker und Vanillin-Zucker mischen, in 1 Minute einstreuen, dann noch 2 Minuten weiterschlagen.

3 Mehl mit Kakaopulver und Backpulver mischen und kurz auf niedrigster Stufe unterrühren. Zuletzt die Kokosraspel unterheben. Den Teig auf das Backblech geben und glatt streichen. Das Backblech in den vorgeheizten Backofen schieben. Den Biskuit **8–10 Minuten** backen.

4 Den Biskuit nach dem Backen vom Rand lösen, auf die Arbeitsfläche stürzen und erkalten lassen. Mitgebackenes Backpapier vorsichtig abziehen.

5 Für die Füllung Gelatine nach Packungsanleitung einweichen. Mangoscheiben auf einem Sieb gut abtropfen lassen. Die Hälfte der Scheiben würfeln, restliche Mangoscheiben mit Maracujanektar, Zucker und Zitronenschale pürieren. Gelatine leicht ausdrücken und in einem Topf unter Rühren bei schwacher Hitze auflösen. Etwas vom Püree hinzugeben und verrühren, dann die Masse mit dem restlichen Püree verrühren und kalt stellen.

6 Physalis (5 Stück zum Garnieren beiseitelegen) waschen, trocken tupfen und in dünne Scheiben schneiden. Sahne steif schlagen und unter das Mangopüree heben. Die Creme auf die Biskuitplatte streichen und mit Mangowürfeln und Physalisscheiben bestreuen. Die Biskuitplatte vorsichtig von der längeren Seite aus aufrollen und etwa 2 Stunden kalt stellen.

7 Vor dem Servieren zum Bestreuen Kokosraspel in einer Pfanne ohne Fett leicht bräunen und auf einem Teller erkalten lassen. Zum Bestreichen Sahne mit Sahnesteif steif schlagen, die Rolle damit bestreichen, mit Kokosraspeln bestreuen und mit Physalis und Mangoscheiben garnieren.

Schwarzwälder Kirschrolle

Zubereitungszeit: 50 Minuten, ohne Kühlzeit I Backzeit: 10–12 Minuten

Pro Stück: E: 4 g, F: 23 g, Kh: 15 g, kJ: 1002, kcal: 239 I etwa 16 Stücke

Für den Biskuitteig:

4 Eier (Größe M)

1 Eigelb (Größe M)

4 EL heißes Wasser

125 g Zucker

1 Pck. Dr. Oetker Vanillin-Zucker

75 g Weizenmehl

25 g Speisestärke

25 g Kakaopulver

1 gestr. TL Dr. Oetker Backin

Für die Füllung:

3 Blatt weiße Gelatine

600 g Schlagsahne

1 geh. EL Zucker

1 Pck. Dr. Oetker Vanillin-Zucker

250 g Kirschgrütze (aus dem Kühlregal)

Zum Garnieren:

25 g Vollmilch-Schokolade

25 g weiße Schokolade

1 Ein Backblech (30 x 40 cm) fetten und mit Backpapier belegen. Den Backofen vorheizen.
Ober-/Unterhitze: etwa 200 °C
Heißluft: etwa 180 °C

2 Für den Teig Eier, Eigelb und Wasser mit Handrührgerät mit Rührbesen auf höchster Stufe in 1 Minute schaumig schlagen. Zucker und Vanillin-Zucker mischen, in 1 Minute unter Rühren einstreuen, dann noch 2 Minuten weiterschlagen.

3 Mehl mit Speisestärke, Kakao und Backpulver mischen und kurz auf niedrigster Stufe unterrühren. Den Teig auf das Backblech geben und glatt streichen. Das Backblech in den vorgeheizten Backofen schieben. Den Biskuit **10–12 Minuten** backen.

4 Den Biskuit sofort nach dem Backen vom Rand lösen, auf ein mit Zucker bestreutes Backpapier stürzen und mit Backpapier erkalten lassen.

5 Für die Füllung Gelatine nach Packungsanleitung einweichen. Sahne mit Zucker und Vanillin-Zucker steif schlagen. Gelatine leicht ausdrücken und in einem kleinen Topf bei schwacher Hitze unter Rühren auflösen. Von der Sahne 2 Esslöffel abnehmen und mit der Gelatine verrühren. Die Gelatinemasse dann zügig unter die restliche Sahne rühren. Vom Biskuit vorsichtig das mitgebackene Backpapier abziehen und den Biskuit mit knapp zwei Dritteln der Sahnemasse bestreichen.

6 Von der Kirschgrütze 1 Esslöffel abnehmen und zum Garnieren zurücklassen. Die restliche Grütze vorsichtig auf der Sahne verteilen (nicht bis an den Rand streichen) und die Biskuitplatte von der längeren Seite aus aufrollen. Die Rolle mit der restlichen Sahnecreme bestreichen und mit einem Tortengarnierkamm ein Muster in die Sahne ziehen. Die Schwarzwälder Kirschrolle 2–3 Stunden kalt stellen.

7 Zum Garnieren die restliche Kirschgrütze mit einem Teelöffel auf die Rolle klecksen. Beide Schokoladensorten raspeln (am besten mit einem Sparschäler) und die Rolle vor dem Servieren damit bestreuen.

Stracciatella-Bananen-Rolle

Zubereitungszeit: 35 Minuten, ohne Kühlzeit I Backzeit: 8–10 Minuten
Pro Stück: E: 6 g, F: 10 g, Kh: 22 g, kJ: 858, kcal: 205 I etwa 16 Stücke

Für den Biskuitteig:

20 g Bananenchips
5 Eier (Größe M)
100 g Zucker
1 Pck. Dr. Oetker Bourbon-Vanille-Zucker
75 g Weizenmehl
10 g Kakaopulver
½ TL Dr. Oetker Backin

Für die Füllung:

1 Pck. Mousse à la Vanille (Dessertpulver)
125 ml (⅛ l) Bananennektar
200 g Schlagsahne
250 g Magerquark
2 EL Zartbitter-Raspelschokolade
2–3 Bananen, gerade gewachsen
1 EL Zitronensaft

Zum Verzieren:

100 g Schlagsahne
50 g Zartbitter-Kuvertüre
1 TL Speiseöl

1 Für den Teig Bananenchips grob hacken. Ein Backblech (30 x 40 cm) fetten und mit Backpapier belegen. Den Backofen vorheizen.
Ober-/Unterhitze: etwa 200 °C
Heißluft: etwa 180 °C

2 Eier mit Handrührgerät mit Rührbesen auf höchster Stufe in 1 Minute schaumig schlagen. Zucker und Vanille-Zucker mischen, in 1 Minute unter Rühren einstreuen, dann noch 2 Minuten weiterschlagen.

3 Mehl mit Kakaopulver und Backpulver mischen und kurz auf niedrigster Stufe unterrühren. Den Teig auf das Backblech geben, glatt streichen und mit den gehackten Bananenchips bestreuen. Das Backblech in den vorgeheizten Backofen schieben. Den Biskuit **8–10 Minuten** backen.

4 Nach dem Backen Gebäckrand mit einem Messer vom Backblech lösen, auf ein mit wenig Zucker bestreutes Backpapier stürzen, mitgebackenes Backpapier abziehen und Gebäck erkalten lassen.

5 Für die Füllung Mousse à la Vanille nach Packungsanleitung, aber mit Banannennektar und Sahne zubereiten. Quark unterrühren und Raspelschokolade unterheben. Die Creme auf die erkaltete Gebäckplatte streichen.

6 Bananen schälen, mit Zitronensaft bestreichen und an die untere lange Gebäckkante auf die Creme legen. Die Biskuitplatte mit Hilfe des Backpapiers von der längeren Seite aus aufrollen (bei den Bananen beginnend) und etwa 30 Minuten kalt stellen.

7 Zum Garnieren die Schlagsahne steif schlagen und mit einem Teelöffel kleine Hügel auf die Rolle setzen. Kuvertüre grob hacken, mit Öl in einem kleinen Topf im Wasserbad unter Rühren schmelzen lassen und in einen kleinen Gefrierbeutel oder ein Papiertütchen füllen. Eine kleine Spitze abschneiden und die Rolle damit verzieren.

Amarettini-Aprikosen-Strudel

Zubereitungszeit: 40 Minuten, ohne Auftauzeit I Backzeit: etwa 40 Minuten
Pro Stück: E: 3 g, F: 7 g, Kh: 26 g, kJ: 777, kcal: 185 I etwa 16 Stücke

Für den Blätterteig:
1 Pck. (450 g) TK-Blätterteig

Für die Füllung:
500 g Aprikosen oder
1 Dose Aprikosenhälften
(Abtropfgewicht 500 g)

100 g Marzipan-Rohmasse
150 g Aprikosenkonfitüre
100 g Amarettini (ital. Mandelplätzchen)

Zum Bestreichen:
1 Eigelb
1–2 EL Milch

Zum Verzieren und Garnieren:
30 g Puderzucker
1 EL Zitronensaft
einige Amarettini

1 Für den Teig Blätterteigplatten nach Packungsanleitung zugedeckt nebeneinander auftauen lassen. Anschließend die Platten aufeinanderlegen und auf der leicht bemehlten Arbeitsfläche zu einem Rechteck (35 x 45 cm) ausrollen. Rechteck mit einem Tuch zudecken. Ein Backblech mit Backpapier belegen. Den Backofen vorheizen.
Ober-/Unterhitze: etwa 200 °C
Heißluft: etwa 180 °C

2 Für die Füllung Aprikosen waschen, halbieren, entsteinen und in Scheiben schneiden oder Dosenfrüchte sehr gut abtropfen lassen und in Scheiben schneiden.

3 Marzipan sehr klein schneiden und gut mit der Konfitüre verrühren, evtl. pürieren. Die Marzipanmasse auf die Teigplatte streichen, dabei am Rand rundherum etwa 2 cm frei lassen. Aprikosenscheiben darauf verteilen.

4 Amarettini grob zerdrücken und darüber streuen. Die Teigränder über die Füllung schlagen und den Teig von der längeren Seite aus aufrollen.

5 Den Strudel auf das Backblech legen. Eigelb mit Milch verrühren, die Rolle damit bestreichen und das Backblech in den vorgeheizten Backofen schieben. Den Strudel **etwa 40 Minuten** backen.

6 Nach dem Backen den Strudel mit dem Backblech auf einen Kuchenrost stellen und leicht abkühlen lassen. Puderzucker mit Zitronensaft verrühren, den Strudel damit besprenkeln und mit Amarettini garnieren.

Tipp

Den Strudel lauwarm mit Vanillesauce, Vanilleeis und Schlagsahne servieren.

Bellini-Rolle

Zubereitungszeit: 40 Minuten, ohne Kühlzeit | Backzeit: etwa 10 Minuten
Pro Stück: E: 5 g, F: 10 g, Kh: 21 g, kJ: 860, kcal: 205 | etwa 16 Stücke

Für den Biskuitteig:

4 Eier (Größe M)

1 Eigelb (Größe M)

75 g Zucker

1 Pck. Dr. Oetker Finesse Bourbon-Vanille-Aroma

75 g Weizenmehl

15 g Speisestärke

½ TL Dr. Oetker Backin

50 g abgezogene, gehobelte Mandeln

Für die Füllung:

2 Blatt weiße Gelatine

1 kleine Dose Pfirsichhälften (Abtropfgewicht 250 g)

2 EL Pfirsichlikör oder Pfirsichsaft aus der Dose

1 Pck. Aranca Zitronen-Geschmack (Dessertpulver)

200 ml Sekt oder Prosecco

150 g Naturjoghurt

250 g Schlagsahne

1 Pck. Dr. Oetker Sahnesteif

Zum Garnieren und Verzieren:

1 reifer Pfirsich

Zitronensaft

50 g weiße Kuvertüre

1 TL Speiseöl

1 Ein Backblech (30 x 40 cm) fetten und mit Backpapier belegen. Den Backofen vorheizen.
Ober-/Unterhitze: etwa 200 °C
Heißluft: etwa 180 °C

2 Für den Teig Eier und Eigelb mit Handrührgerät mit Rührbesen auf höchster Stufe in 1 Minute schaumig schlagen. Zucker in 1 Minute unter Rühren einstreuen, dann noch 2 Minuten weiterschlagen. Aroma kurz unterrühren.

3 Mehl mit Speisestärke und Backpulver mischen und kurz auf niedrigster Stufe unterrühren. Den Teig auf das Backblech geben und glatt streichen. Die Oberfläche mit Mandeln bestreuen und das Backblech in den vorgeheizten Backofen schieben. Den Biskuit **etwa 10 Minuten** backen.

4 Nach dem Backen den Gebäckrand mit einem Messer lösen und Platte auf ein mit wenig Zucker bestreutes Backpapier stürzen. Mitgebackenes Backpapier abziehen und die Platte erkalten lassen.

5 Für die Füllung Gelatine nach Packungsanleitung einweichen. Pfirsiche auf einem Sieb abtropfen lassen, etwas Saft dabei auffangen und die Pfirsiche mit Likör oder Saft pürieren. Gelatine leicht ausdrücken, in einem kleinen Topf bei schwacher Hitze unter Rühren auflösen und in das Püree rühren. Die Masse kalt stellen.

6 Aranca nach Packungsanleitung, aber mit Sekt oder Prosecco zubereiten und Joghurt unterrühren. Sahne mit Sahnesteif steif schlagen und unterheben. Die Creme auf die erkaltete Gebäckplatte streichen, Pfirsichpüree darauf klecksen und mit einem Löffel etwas in die Creme einarbeiten. Die Platte von der längeren Seite aus aufrollen und die Rolle etwa 2 Stunden kalt stellen.

7 Zum Garnieren Pfirsich waschen, abtrocknen, halbieren und den Stein entfernen. Die Hälften in schmale Spalten schneiden, auf die Rolle legen und mit etwas Zitronensaft bestreichen.

8 Zum Verzieren Kuvertüre grob hacken, mit Öl in einem Topf im Wasserbad bei schwacher Hitze geschmeidig rühren und in einen kleinen Gefrierbeutel oder ein Papiertütchen füllen. Eine kleine Ecke abschneiden und die Rolle mit Kuvertüre besprenkeln.

Biskuitrollen-Schnitten

Zubereitungszeit: 60 Minuten, ohne Kühlzeit I Backzeit: etwa 32 Minuten

Pro Stück: E: 9 g, F: 16 g, Kh: 64 g, kJ: 1971, kcal: 470 I etwa 14 Stücke

Zutaten

Für den Biskuitteig:

4 Eier (Größe M)

1 Eigelb (Größe M)

70 g Zucker

1 Pck. Dr. Oetker Vanillin-Zucker

80 g Weizenmehl

1 Msp. Dr. Oetker Backin

Zum Bestreichen:

etwa 200 g rotes Johannisbeergelee

Für den All-in-Teig:

250 g Weizenmehl

3 gestr. TL Dr. Oetker Backin

150 g Zucker

1 Pck. Dr. Oetker Finesse Orangen-schalen-Aroma

150 g Butter oder Margarine

4 Eier (Größe M)

Für den Belag:

3 Pck. Backfeste Pudding Creme

750 ml (¾ l) Milch

Für den Guss:

3 Pck. Tortenguss, klar

6 EL Zucker

750 ml (¾ l) Weißwein

Zubereitung

1 Ein Backblech (30 x 40 cm) fetten und mit Backpapier belegen. Den Backofen vorheizen.
Ober-/Unterhitze: etwa 200 °C
Heißluft: etwa 180 °C

2 Für den Biskuitteig Eier und Eigelb in einer Rührschüssel mit Handrührgerät mit Rührbesen auf höchster Stufe in 1 Minute schaumig schlagen. Zucker und Vanillin-Zucker mischen, unter Rühren in 1 Minute einstreuen, noch 2 Minuten schlagen. Mehl mit Backpulver mischen und kurz auf niedrigster Stufe unterrühren.

3 Den Teig auf das Backblech geben und glatt streichen. Das Backblech auf der mittleren Einschubleiste in den vorgeheizten Backofen schieben. Den Biskuit **etwa 12 Minuten** backen.

4 Biskuitplatte lösen, auf die Arbeitsfläche stürzen, mit dem Backpapier erkalten lassen. Zum Bestreichen Gelee glatt rühren. Biskuitplatte von der Arbeitsfläche lösen, Backpapier abziehen, evtl. dunkle Backhaut entfernen. Biskuitplatte mit Gelee bestreichen, von der längeren Seite her aufrollen. Die Backofentemperatur reduzieren.
Ober-/Unterhitze: etwa 180 °C
Heißluft: etwa 160 °C

5 Für den All-in-Teig Mehl mit Backpulver in einer Rührschüssel mischen. Restliche Zutaten hinzufügen und mit Handrührgerät mit Rührbesen auf höchster Stufe in etwa 2 Minuten zu einem glatten Teig verarbeiten. Einen Backrahmen auf das gesäuberte Backblech (30 x 40 cm, gefettet) stellen. Den Teig in den Backrahmen geben, glatt streichen. Das Backblech auf der mittleren Einschubleiste in den vorgeheizten Backofen schieben. Den Boden **etwa 20 Minuten** backen.

6 Das Backblech auf einen Kuchenrost stellen, Gebäckboden erkalten lassen. Für den Belag Backfeste Pudding Creme mit Milch nach Packungsanleitung zubereiten und auf dem Gebäckboden verteilen. Die Biskuitrolle in gut 1 cm dicke Scheiben schneiden (etwa 28 Scheiben), auf die Puddingcreme legen.

7 Für den Guss aus Tortengusspulver, Zucker und Weißwein nach Packungsanleitung, aber mit den hier angegebenen Zutaten, einen Guss zubereiten. Den Guss auf den Biskuitscheiben verteilen und fest werden lassen. Den Kuchen mindestens 30 Minuten kalt stellen. Backrahmen lösen und entfernen.

Blätterteig-Erdbeer-Schnitten

Zubereitungszeit: 40 Minuten I Backzeit: etwa 15 Minuten

Pro Stück: E: 6 g, F: 22 g, Kh: 40 g, kJ: 1605, kcal: 384 I etwa 10 Stücke

1 Pck. (450 g) TK-Blätterteig

Für die Füllung:

500 g Erdbeeren

1 Pck. Dr. Oetker Finesse Bourbon-Vanille-Aroma

100 g Zucker

8 Blatt weiße Gelatine

300 g Naturjoghurt

250 g Schlagsahne

Für den Guss:

100 g gesiebter Puderzucker

2 EL Zitronensaft

1 Für den Teig Blätterteigplatten zugedeckt nebeneinander bei Zimmertemperatur auftauen lassen. Den Backofen vorheizen.
Ober-/Unterhitze: etwa 200 °C
Heißluft: etwa 180 °C

2 Teigscheiben aufeinanderlegen und auf der bemehlten Arbeitsfläche zu einem Rechteck (etwa 25 x 40 cm) ausrollen. Teigplatte in der Mitte halbieren, beide Platten auf ein mit kaltem Wasser abgespültes Backblech legen. Das Backblech in den vorgeheizten Backofen schieben und **etwa 15 Minuten** backen.

3 Gebäck sofort vom Backblech lösen und auf einem Kuchenrost erkalten lassen.

4 Für die Füllung Erdbeeren waschen, abtropfen lassen und entstielen. Eine Hälfte der Erdbeeren pürieren, die andere Hälfte je nach Größe halbieren oder vierteln. Erdbeerpüree mit Aroma und Zucker verrühren.

5 Gelatine nach Packungsanleitung einweichen. Joghurt in eine Schüssel geben, Gelatine auflösen, mit etwas von dem Joghurt verrühren, dann unter den restlichen Joghurt rühren. Erdbeerpüree (2 Esslöffel davon beiseitestellen) unterrühren. Masse kalt stellen.

6 Wenn die Masse anfängt zu gelieren, Sahne steif schlagen und unterheben. Erdbeerstücke unterheben. Masse so lange kalt stellen, bis sie fast schnittfest ist.

7 Die Masse auf eine Gebäckplatte streichen und mit der zweiten Gebäckplatte belegen.

8 Für den Guss Puderzucker mit Zitronensaft zu einem dickflüssigen Guss verrühren, die Gebäckplatte damit bestreichen. Restliches Erdbeerpüree darauf verteilen und mit einem Holzstäbchen marmorieren. Gebäck kalt stellen. Vor dem Servieren in Streifen schneiden.

Erdbeer-Wraps

Zubereitungszeit: 50 Minuten, ohne Kühlzeit I Backzeit: 8–10 Minuten

Pro Stück: E: 7 g, F: 15 g, Kh: 38 g, kJ: 1349, kcal: 322 I 6 Stücke

Für den Biskuitteig:

3 Eier (Größe M)

1 Eigelb (Größe M)

50 g Zucker

1 Pck. Dr. Oetker Vanillin-Zucker

1 Pck. Dr. Oetker Finesse Geriebene
Zitronenschale

60 g Weizenmehl

1 Msp. Dr. Oetker Backin

Für die Füllung:

200 g Erdbeeren

1 Becher (150 g) Crème fraîche

250 ml (¼ l) Milch

2 Pck. Saucenpulver Vanille-Geschmack
ohne Kochen

50 ml Eierlikör

Zum Verzieren und Bestäuben:

30 g Zartbitter-Schokolade

1 EL Puderzucker

1 Ein Backblech (30 x 40 cm) fetten und mit Backpapier belegen. Den Backofen vorheizen.
Ober-/Unterhitze: etwa 200 °C
Heißluft: etwa 180 °C

2 Für den Teig Eier und Eigelb mit Handrührgerät mit Rührbesen auf höchster Stufe in 1 Minute schaumig schlagen. Zucker, Vanillin-Zucker und Zitronenschale mischen, in 1 Minute einstreuen, dann noch etwa 2 Minuten weiterschlagen.

3 Mehl mit Backpulver mischen und kurz auf niedrigster Stufe unterrühren. Den Teig auf das Backblech streichen und das Backblech in den vorgeheizten Backofen schieben. Den Biskuit **8–10 Minuten** backen.

4 Das Gebäck sofort mit einem Messer vom Rand lösen, auf ein mit Zucker bestreutes Backpapier stürzen, mitgebackenes Backpapier vorsichtig abziehen und die Platte erkalten lassen.

5 Für die Füllung Erdbeeren waschen, abtropfen lassen, putzen und in kleine Würfel schneiden. Crème fraîche mit Milch und Saucenpulver gut verrühren und Eierlikör dazugeben. Erdbeerwürfel unterheben. Die Masse auf die erkaltete Gebäckplatte streichen, die Platte in 6 Rechtecke schneiden und die Rechtecke aufrollen. Die Wraps kalt stellen.

6 Zum Verzieren Schokolade grob hacken, in einem Topf im Wasserbad bei schwacher Hitze geschmeidig rühren und auf die Wraps sprenkeln. Die Schokolade fest werden lassen und vor dem Servieren die Wraps mit Puderzucker bestäuben.

Fruchtrolle

Zubereitungszeit: 35 Minuten, ohne Kühlzeit I Backzeit: etwa 10 Minuten

Pro Stück: E: 3 g, F: 10 g, Kh: 21 g, kJ: 792, kcal: 189 I etwa 16 Stücke

Für den Biskuitteig:

4 Eier (Größe M)

1 Eigelb (Größe M)

70 g Zucker

1 Pck. Dr. Oetker Vanillin-Zucker

80 g Weizenmehl

1 Msp. Dr. Oetker Backin

Für die Füllung:

1 Pck. Dr. Oetker Pudding-Pulver
Vanille-Geschmack

25 g Zucker

400 ml Maracujanektar
(Passionsfruchtnektar)

50 ml Zitronensaft

3–4 Kiwis

Zum Bestreichen und Garnieren:

400 g Schlagsahne

2 Pck. Dr. Oetker Sahnesteif

1 EL Zucker

1 Kiwi

1 Ein Backblech (30 x 40 cm) fetten und mit Backpapier belegen. Den Backofen vorheizen.
Ober-/Unterhitze: etwa 200 °C
Heißluft: etwa 180 °C

2 Für den Teig Eier und Eigelb mit Handrührgerät mit Rührbesen auf höchster Stufe in 1 Minute schaumig schlagen. Zucker und Vanillin-Zucker mischen, in 1 Minute unter Rühren einstreuen, dann noch 2 Minuten weiterschlagen.

3 Mehl mit Backpulver mischen und kurz auf niedrigster Stufe unterrühren. Den Teig auf das Backblech geben und glatt streichen. Das Backblech in den vorgeheizten Backofen schieben. Den Biskuit **etwa 10 Minuten** backen.

4 Die Biskuitplatte sofort nach dem Backen vom Backblechrand lösen, auf ein mit Zucker bestreutes Stück Backpapier stürzen und erkalten lassen. Anschließend das mitgebackene Backpapier unmittelbar vor dem Füllen abziehen.

5 Für die Füllung aus dem Pudding-Pulver nach Packungsanleitung, aber mit den hier angegebenen Mengen Zucker und Nektar einen Pudding zubereiten. Den Pudding in eine Schüssel geben und Zitronensaft unterrühren. Sofort Frischhaltefolie direkt auf den Pudding legen und den Pudding erkalten lassen.

6 Den erkalteten Pudding nochmals kurz durchrühren und auf der Biskuitplatte verteilen, dabei am Rand etwa 1 cm frei lassen. Kiwis schälen und in kleine Stücke schneiden. Kiwistücke auf dem Pudding verteilen. Die Platte vorsichtig von der längeren Seite aus aufrollen. Die Rolle etwa 2 Stunden kalt stellen.

Tipp

Die Rolle erst kurz vor dem Servieren mit Kiwis garnieren.

7 Zum Bestreichen Sahne mit Sahnesteif und Zucker steif schlagen. Die Biskuitrolle damit bestreichen und nach Belieben verzieren. Zum Garnieren Kiwi schälen, in Spalten schneiden und die Rolle kurz vor dem Servieren damit garnieren.

Kirsch-Limetten-Rolle

Zubereitungszeit: 45 Minuten I Backzeit: etwa 8 Minuten

Pro Stück: E: 3 g, F: 6 g, Kh: 22 g, kJ: 698, kcal: 167 I etwa 16 Stücke

Für den Biskuitteig:

2 Eier (Größe M)

3 EL heißes Wasser

100 g Zucker

1 Pck. Dr. Oetker Vanillin-Zucker

75 g Weizenmehl

25 g Speisestärke

1 gestr. TL Dr. Oetker Backin

Für die Füllung:

1 Glas Sauerkirschen
(Abtropfgewicht 370 g)

6 Blatt weiße Gelatine

2 Bio-Limetten (unbehandelt)

50 g Zucker

300 g Dickmilch

250 g Schlagsahne

Zum Verzieren:

1–2 EL Johannisbeer- oder Kirschgelee

1 Ein Backblech (30 x 40 cm) fetten und mit Backpapier belegen. Den Backofen vorheizen.
Ober-/Unterhitze: etwa 200 °C
Heißluft: etwa 180 °C

2 Für den Teig Eier und Wasser mit Handrührgerät mit Rührbesen auf höchster Stufe in 1 Minute schaumig schlagen. Zucker und Vanillin-Zucker mischen, in 1 Minute unter Rühren einstreuen, dann noch 2 Minuten weiterschlagen.

3 Mehl mit Speisestärke und Backpulver mischen und kurz auf niedrigster Stufe unterrühren. Teig auf das Backblech geben und glatt streichen. Das Backblech in den vorgeheizten Backofen schieben. Den Biskuit **etwa 8 Minuten** backen.

4 Die Biskuitplatte sofort nach dem Backen vom Rand lösen und auf ein Backpapier stürzen. Das mitgebackene Backpapier mit kaltem Wasser bestreichen und vorsichtig, aber schnell abziehen. Die Biskuitplatte mit dem Backpapier aufrollen und erkalten lassen.

5 Für die Füllung Kirschen auf einem Sieb gut abtropfen lassen. Gelatine nach Packungsanleitung einweichen. Von einer Limette die Schale fein abreiben, von der anderen Limette die Schale mit einem Zestenreißer in feinen Streifen abschaben und die Streifen zum Garnieren beiseitelegen. Den Saft der Limetten auspressen und mit der fein abgeriebenen Limettenschale und Zucker unter die Dickmilch rühren.

6 Gelatine leicht ausdrücken und in einem Topf bei schwacher Hitze unter Rühren auflösen. Gelatine zunächst mit 3 Esslöffeln von der Dickmilchmasse verrühren, dann die Mischung unter die restliche Dickmilchmasse rühren und kalt stellen. Wenn die Masse beginnt dicklich zu werden, Sahne steif schlagen und unterheben.

7 Biskuitplatte auseinanderrollen, Backpapier entfernen und zwei Drittel der Dickmilchcreme gleichmäßig auf der Platte verstreichen. Die Kirschen auf der Creme verteilen, dabei den Rand frei lassen. Die Biskuitplatte von der langen Seite aus aufrollen. Mit der restlichen Dickmilchcreme die Rolle vollständig bestreichen.

8 Zum Verzieren Gelee glatt rühren und sofort in kleinen Tupfen auf der Rolle verteilen, mit einem Holzstäbchen das Gelee sternförmig nach außen wegziehen. Die Rolle mit Limettenstreifen garnieren, 2 Stunden kalt stellen.

Schokokeks-Schnitten

Zubereitungszeit: 50 Minuten I Backzeit: etwa 15 Minuten

Pro Stück: E: 4 g, F: 15 g, Kh: 28 g, kJ: 1120, kcal: 267 I etwa 36 Stücke

Für den All-in-Teig:

150 g Weizenmehl

1 Pck. Dr. Oetker Backin

125 g Zucker

1 Pck. Dr. Oetker Vanillin-Zucker

5 Eier (Größe M)

4 EL Speiseöl

2 EL Essig

Für den Belag:

2 Dosen Mandarinen
(Abtropfgewicht je 420 g)

375 ml (⅜ l) Mandarinensaft
aus den Dosen

4 Blatt weiße Gelatine

2 Pck. Dr. Oetker Pudding-Pulver
Vanille-Geschmack

100 g Zucker

500 ml (½ l) Milch

1 kg Schlagsahne

3 Pck. Dr. Oetker Vanillin-Zucker

3 Pck. Dr. Oetker Sahnesteif

2–3 EL Zitronensaft

36 Butterkekse mit Schokoladenguss

1 Ein Backblech (30 x 40 cm) fetten und einen Backrahmen in Backblechgröße daraufstellen. Den Backofen vorheizen.
Ober-/Unterhitze: etwa 180 °C
Heißluft: etwa 160 °C

2 Für den Teig Mehl mit Backpulver, Zucker, Vanillin-Zucker, Eier, Öl und Essig in eine Rührschüssel geben und mit Handrührgerät mit Rührbesen alles in 1 Minute schaumig schlagen. Den Teig in den Backrahmen geben und glatt streichen. Das Backblech in den vorgeheizten Backofen schieben. Den Boden **etwa 15 Minuten** backen.

3 Das Backblech auf einen Kuchenrost stellen und den Boden im Backrahmen erkalten lassen.

4 Für den Belag Mandarinen auf ein Sieb geben, abtropfen lassen, Saft auffangen und 375 ml (⅜ l) davon abmessen. Gelatine nach Packungsanleitung einweichen. Pudding-Pulver mit Zucker und Saft anrühren, Milch hinzugeben, alles unter Rühren zum Kochen bringen und gut aufkochen lassen. Die eingeweichte, ausgedrückte Gelatine darin unter Rühren auflösen.

5 Die Mandarinen auf dem Boden verteilen (einige zum Garnieren zurücklassen). Den Pudding lauwarm darübergeben, glatt streichen und etwa 2 Stunden kalt stellen.

6 Sahne mit Vanillin-Zucker, Sahnesteif und Zitronensaft steif schlagen und gut die Hälfte auf der Puddingmasse verstreichen (den Rest zum Verzieren zurücklassen). Butterkekse mit der Schokoladenseite nach oben darauf verteilen. Die Kuchenstücke mit Sahne und Mandarinen garnieren. Backrahmen vorsichtig mit Hilfe eines Messers lösen und entfernen.

Tipp

Für ein alkoholfreies Gelee kann der Alkohol durch 100 ml mehr Zitronenlimonade ersetzt werden.

Maulwurfshügel

Zubereitungszeit: 60 Minuten, ohne Kühlzeit I Backzeit: etwa 30 Minuten

Pro Stück: E: 4 g, F: 18 g, Kh: 31 g, kJ: 1316, kcal: 314 I etwa 16 Stücke

Zutaten

Zum Vorbereiten:

75 g Zartbitter-Kuvertüre

Für den Rührteig:

250 g weiche Butter oder Margarine

125 g Zucker

1 Pck. Dr. Oetker Finesse Orangen-schalen-Aroma

2 EL Aprikosenkonfitüre oder Orangen-marmelade

4 Eier (Größe M)

125 g Weizenmehl

2 Pck. Dr. Oetker Pudding-Pulver Schokoladen-Geschmack

3 gestr. TL Dr. Oetker Backin

Für die Füllung:

1 große Dose Mandarinen (Abtropfgewicht 470 g)

8 Blatt weiße Gelatine

250 ml (¼ l) Mandarinensaft aus der Dose

800 g Schlagsahne

1 Pck. Dr. Oetker Vanillin-Zucker

etwas Raspelschokolade

Puderzucker

Zubereitung

1 Zum Vorbereiten Kuvertüre in kleine Stücke hacken, in einem kleinen Topf im Wasserbad bei schwacher Hitze unter Rühren schmelzen und etwas abküh-len lassen. Ein Backblech mit Backpapier belegen und einen Backrahmen (28 x 28 cm) daraufstellen. Den Backofen vorheizen.
Ober-/Unterhitze: etwa 180 °C
Heißluft: etwa 160 °C

2 Für den Teig Butter oder Margarine mit Handrührgerät mit Rührbesen auf höchster Stufe geschmeidig rühren. Nach und nach Zucker und Aroma unterrühren. So lange rühren, bis eine gebundene Masse entstanden ist. Aprikosenkonfitüre oder Orangenmarmelade untermengen.

3 Jedes Ei etwa ½ Minute unterrühren. Mehl mit Pudding-Pulver und Back-pulver mischen und auf mittlerer Stufe unterrühren. Aufgelöste Kuvertüre unterheben. Den Teig in den Backrahmen geben und glatt streichen. Das Backblech in den vorgeheizten Backofen schieben und **etwa 30 Minuten** backen.

4 Das Backblech auf einen Kuchenrost stellen. Backrahmen lösen und entfer-nen. Den Gebäckboden vom Backpapier lösen, aber darauf erkalten lassen. Dann den Gebäckboden etwa 2 cm tief aushöhlen, dabei einen 1 cm breiten Rand stehen lassen. Das ausgehöhlte Gebäck fein zerbröseln. Gebäckbrösel beiseitestellen.

5 Für die Füllung Mandarinen auf einem Sieb gut abtropfen lassen, den Saft dabei auffangen und 250 ml (¼ l) abmessen. Mandarinen in dem ausgehöhl-ten Gebäckboden verteilen.

6 Gelatine nach Packungsanleitung einweichen und leicht ausdrücken. Die ausgedrückte Gelatine in einem kleinen Topf unter Rühren auflösen. Den Mandarinensaft nach und nach unterrühren und die Flüssigkeit kalt stellen.

7 Sobald die Mandarinenflüssigkeit beginnt dicklich zu werden, Sahne mit Vanillin-Zucker steif schlagen und unterheben. Raspelschokolade unterhe-ben. Die Mandarinen-Sahne-Masse in mehreren Hügeln mit einem großen Esslöffel auf den Mandarinen verteilen. Gebäckbrösel auf die Hügel streuen und den Kuchen etwa 2 Stunden kalt stellen. Den Kuchen vor dem Servieren mit Puderzucker bestäuben.

Lambada-Schnitten

Zubereitungszeit: 30 Minuten I Backzeit: etwa 10 Minuten

Pro Stück: E: 3 g, F: 10 g, Kh: 28 g, kJ: 931, kcal: 222 I etwa 20 Stücke

Für den Biskuitteig:

4 Eier (Größe M)

4 EL heißes Wasser

150 g Zucker

1 Pck. Dr. Oetker Vanillin-Zucker

80 g Weizenmehl

80 g Speisestärke

2 ½ TL Dr. Oetker Backin

150 ml Orangensaft

Für die Orangencreme:

2 Pck. Dr. Oetker Pudding-Pulver
Vanille-Geschmack

50 g Zucker

850 ml Orangensaft

Für den Belag:

500 g Schlagsahne

2 Pck. Dr. Oetker Sahnesteif

2 Pck. Dr. Oetker Vanillin-Zucker

Schokoladenornamente

1 Ein Backblech (30 x 40 cm) fetten und mehlen. Den Backofen vorheizen.
Ober-/Unterhitze: 200–220 °C
Heißluft: 180–200 °C

2 Für den Teig Eier und Wasser mit Handrührgerät mit Rührbesen auf höchster
Stufe in 1 Minute schaumig schlagen. Zucker mit Vanillin-Zucker mischen, in
1 Minute unter Rühren einstreuen, dann noch 2 Minuten weiterschlagen.

3 Mehl mit Speisestärke und Backpulver mischen und kurz auf niedrigster
Stufe unterrühren. Anschließend den Teig auf das Backblech geben und
glatt streichen. Das Backblech in den vorgeheizten Backofen schieben. Den
Biskuit **etwa 10 Minuten** backen.

4 Die Biskuitplatte sofort nach dem Backen mit dem Orangensaft tränken und
auf dem Backblech erkalten lassen.

5 Für die Orangencreme aus Pudding-Pulver, Zucker und Orangensaft nach
Packungsanleitung, aber mit den hier angegebenen Zutaten einen Pudding
zubereiten. Pudding unter Rühren etwas abkühlen lassen, lauwarm auf den
Biskuitboden streichen und erkalten lassen.

6 Für den Belag Sahne mit Sahnesteif und Vanillin-Zucker steif schlagen.
Sahne wellenförmig auf den Pudding streichen und den Kuchen mit Schoko-
ladenornamenten garnieren.

Kissenkuchen

Zubereitungszeit: 40 Minuten, ohne Auftau- und Abkühlzeit I Backzeit: etwa 30 Minuten
Pro Stück: E: 6 g, F: 22 g, Kh: 50 g, kJ: 1843, kcal: 440 I etwa 12 Stücke

Zutaten

Zum Vorbereiten:

300 g gemischte TK-Beeren

100 g weiße Schokolade

Für den Rührteig:

250 g weiche Butter oder Margarine

220 g Zucker

½ TL Dr. Oetker Finesse Geriebene Zitronenschale

4 Eier (Größe M)

340 g Weizenmehl

3 gestr. TL Dr. Oetker Backin

Zum Verzieren:

etwas dunkle Kuchenglasur

Zubereitung

1 Zum Vorbereiten Beeren bei Zimmertemperatur auftauen lassen. Schokolade in kleine Stücke brechen, in einem kleinen Topf im Wasserbad bei schwacher Hitze unter Rühren schmelzen, abkühlen lassen. Ein Backblech (30 x 40 cm) fetten. Den Backofen vorheizen.
Ober-/Unterhitze: etwa 180 °C
Heißluft: etwa 160 °C

2 Für den Teig Butter oder Margarine mit Handrührgerät mit Rührbesen auf höchster Stufe geschmeidig rühren. Nach und nach Zucker und Zitronenschale unterrühren. So lange rühren, bis eine gebundene Masse entstanden ist.

3 Jedes Ei etwa ½ Minute unterrühren. Die aufgelöste Schokolade hinzufügen und kurz unterrühren. Mehl und Backpulver mischen und in zwei Portionen auf mittlerer Stufe kurz unterrühren.

4 Zwei Drittel des Teiges auf das Backblech geben und verstreichen. Mit einem Kochlöffelstiel in etwa 5 cm breiten Abständen gitterartig tiefe Linien in den Teig ziehen.

5 Beeren pürieren und durch ein Sieb streichen Beerenpüree unter den restlichen Teig rühren. Den Teig in einen Spritzbeutel mit Lochtülle (Ø etwa 10 mm) füllen und auf das markierte Gitter spritzen. Das Backblech in den vorgeheizten Backofen schieben. Den Kuchen **etwa 30 Minuten** backen.

6 Das Backblech auf einen Kuchenrost stellen und den Kuchen darauf erkalten lassen.

7 Zum Verzieren Kuchenglasur nach Packungsanleitung auflösen, in ein Papiertütchen füllen und eine kleine Spitze abschneiden. Den Kuchen damit verzieren.

Erdbeermilch-Schnitten

Zubereitungszeit: 70 Minuten, ohne Kühlzeit I Backzeit: Backzeit: 15–20 Minuten

Pro Stück: E: 9 g, F: 11 g, Kh: 47 g, kJ: 1383, kcal: 330 I etwa 10 Stücke

Für den Biskuitteig:

5 Eier (Größe M)

150 g Zucker

1 Pck. Dr. Oetker Bourbon-Vanille-Zucker

150 g Weizenmehl

½ TL Dr. Oetker Backin

4 EL Milch

15 g gesiebtes Kakaopulver

15 g Zucker

Für die Füllung:

250 g Erdbeeren

2 Blatt weiße Gelatine

500 ml (½ l) Erdbeermilch

1 Beutel aus 1 Pck. Götterspeise Zitronen-Geschmack

100 g Zucker

200 g Schlagsahne

1 Pck. Dr. Oetker Sahnesteif

1 TL Zucker

1 Ein Backblech (30 x 40 cm) fetten und mit Backpapier belegen. Den Backofen vorheizen.
Ober-/Unterhitze: etwa 180 °C
Heißluft: etwa 160 °C

2 Für den Teig Eier mit Handrührgerät mit Rührbesen auf höchster Stufe in 1 Minute schaumig schlagen. Zucker und Vanille-Zucker mischen, in 1 Minute unter Rühren einstreuen, dann noch 2 Minuten weiterschlagen.

3 Mehl mit Backpulver mischen und kurz auf niedrigster Stufe unterrühren. Die Hälfte des Teiges auf das Backblech geben und glatt streichen. Milch mit Kakao und Zucker verrühren und vorsichtig unter den restlichen Teig heben. Den Teig in Klecksen auf dem hellen Biskuitteig verteilen. Das Backblech in den vorgeheizten Backofen schieben. Den Biskuit **15–20 Minuten** backen.

4 Die Biskuitplatte auf einen mit Backpapier belegten Kuchenrost stürzen und mitgebackenes Backpapier abziehen. Biskuitplatte wieder zurückstürzen. Die Biskuitplatte erkalten lassen und von der längeren Seite aus senkrecht halbieren.

5 Für die Füllung Erdbeeren waschen, abtropfen lassen, entstielen und in Stücke schneiden. Gelatine nach Packungsanleitung einweichen. Aus Erdbeermilch, Götterspeise und Zucker nach Packungsanleitung, aber mit den hier angegebenen Zutaten eine Götterspeise zubereiten. Gelatine leicht ausdrücken, unter Rühren in der heißen Götterspeise auflösen und die Mischung kalt stellen. Wenn die Mischung anfängt dicklich zu werden, Sahne mit Sahnesteif und Zucker steif schlagen und unterheben. Erdbeerstückchen ebenfalls unterheben.

6 Eine Biskuithälfte auf eine Platte legen und einen Backrahmen darumstellen. Die Erdbeercreme auf die Biskuithälfte geben und glatt streichen. Zweite Biskuithälfte auflegen und etwas andrücken. Den Kuchen etwa 2 Stunden kalt stellen. Den Backrahmen mit einem Messer lösen und entfernen. Kuchen in Stücke schneiden.

Grapefruit-Schoko-Kuchen

Zubereitungszeit: 60 Minuten, ohne Abkühlzeit I Backzeit: 20–25 Minuten

Pro Stück: E: 6 g, F: 21 g, Kh: 41 g, kJ: 1642, kcal: 392 I etwa 20 Stücke

Zum Vorbereiten:

150 g Zartbitter-Schokolade
(60 % Kakaoanteil)

Für den Rührteig:

150 g weiche Butter oder Margarine

150 g Zucker

1 Prise Salz

1 Pck. Dr. Oetker Finesse
Bourbon-Vanille-Aroma

5 Eier (Größe M)

350 g Weizenmehl

1 Pck. Dr. Oetker Backin

6 EL Milch

Zum Beträufeln:

500 ml (½ l) Grapefruitsaft

150 g Zucker

Für den Belag:

350 g Mascarpone (ital. Frischkäse)

40 g gesiebter Puderzucker

125 ml (⅛ l) Milch

1 Pck. Dr. Oetker Sahnesteif

1 Pck. (125 g) hauchdünne Vollmilch-
Täfelchen

Zum Verzieren:

50 g Zartbitter-Schokolade
(60 % Kakaoanteil)

1 TL Butter

1 Zum Vorbereiten Schokolade in kleine Stücke brechen und in einem kleinen Topf im Wasserbad bei schwacher Hitze unter Rühren schmelzen lassen. Ein Backblech (30 x 40 cm) fetten. Den Backofen vorheizen.
Ober-/Unterhitze: etwa 200 °C
Heißluft: etwa 180 °C

2 Für den Teig Butter oder Margarine mit Handrührgerät mit Rührbesen auf höchster Stufe geschmeidig rühren. Nach und nach Zucker, Salz und Aroma unterrühren. So lange rühren, bis eine gebundene Masse entstanden ist.

3 Jedes Ei etwa ½ Minute unterrühren. Mehl und Backpulver mischen und in 2 Portionen abwechselnd mit der Milch auf mittlerer Stufe kurz unterrühren. Aufgelöste Schokolade unterrühren. Den Teig auf das Backblech geben und glatt streichen. Das Backblech in den vorgeheizten Backofen schieben und **20–25 Minuten** backen.

4 Grapefruitsaft mit Zucker in einem Topf verrühren, zum Kochen bringen und etwa 10 Minuten ohne Deckel bei mittlerer Hitze sirupartig einkochen lassen.

5 Das Backblech auf einen Kuchenrost stellen. Den heißen Kuchen mit einem Holzstäbchen dicht an dicht einstechen. Den Kuchen sofort mit dem heißen Sirup beträufeln und erkalten lassen.

6 Für den Belag Mascarpone mit Puderzucker, Milch und Sahnesteif in einen hohen Rührbecher geben und mit Handrührgerät mit Rührbesen zu einer Creme aufschlagen. Die Creme auf den Kuchen streichen. Die Schokoladen-Täfelchen mit etwas Abstand zueinander gleichmäßig darauf verteilen. Kuchen kurz kalt stellen.

7 Zum Verzieren Schokolade in kleine Stücke brechen und mit Butter im Wasserbad bei schwacher Hitze unter Rühren schmelzen lassen. Schokolade in einen kleinen Gefrierbeutel füllen und eine kleine Ecke abschneiden. Die Schokolade zickzackartig auf jedes Schokoladen-Täfelchen spritzen. Schokolade fest werden lassen. Den Kuchen in Stücke schneiden.

Sanddorn-Orangen-Schnitten

Zubereitungszeit: 45 Minuten, ohne Kühlzeit I Backzeit: etwa 12 Minuten
Pro Stück: E: 4 g, F: 15 g, Kh: 26 g, kJ: 1077, kcal: 257 I etwa 20 Stücke

Für den Biskuitteig:

50 g Daim® Minis (etwa 10 Stück)
4 Eier (Größe M)
2 EL heißes Wasser
125 g Zucker
1 Pck. Dr. Oetker Vanillin-Zucker
25 g Weizenmehl
1 TL Dr. Oetker Backin
100 g gemahlene Haselnusskerne
8–10 EL Orangensaft

Für die Sanddorn-Orangen-Creme:

6 Blatt weiße Gelatine
300 ml Sanddorn mit Honig
(aus der Flasche, Reformhaus)

125 ml (⅛ l) Orangensaft
500 g Schlagsahne

Zum Garnieren:

100 g Daim® Minis (etwa 20 Stück)
2 TL Kakaopulver

1 Für den Teig Daim® Minis klein schneiden oder hacken. Ein Backblech (30 x 40 cm) fetten, mehlen und einen Backrahmen in Backblechgröße daraufstellen. Den Backofen vorheizen.
Ober-/Unterhitze: etwa 200 °C
Heißluft: etwa 180 °C

2 Eier und Wasser mit Handrührgerät mit Rührbesen auf höchster Stufe in 1 Minute schaumig schlagen. Zucker mit Vanillin-Zucker mischen, in 1 Minute unter Rühren einstreuen, dann noch 2 Minuten weiterschlagen.

3 Mehl mit Backpulver mischen und auf niedrigster Stufe unterrühren. Haselnusskerne und Daim®-Stücke unterheben. Den Teig in den Backrahmen geben und glatt streichen. Das Backblech sofort in den vorgeheizten Backofen schieben. Den Biskuit **etwa 12 Minuten** backen.

4 Das Backblech auf einen Kuchenrost stellen und den Biskuitboden erkalten lassen. Backrahmen lösen und entfernen. Den Biskuitboden senkrecht halbieren und den gesäuberten Backrahmen um eine Biskuithälfte stellen. Die Biskuithälfte mit der Hälfte des Orangensafts tränken.

5 Für die Sanddorn-Orangen-Creme Gelatine nach Packungsanleitung einweichen. Sanddorn in eine Rührschüssel geben. Gelatine leicht ausdrücken und in einem kleinen Topf mit etwas von dem Orangensaft unter Rühren auflösen.

6 Aufgelöste Gelatine mit dem restlichen Orangensaft verrühren, dann die Mischung mit dem Sanddorn verrühren und kalt stellen. Wenn die Sanddornmasse beginnt dicklich zu werden, Sahne steif schlagen und unterheben.

7 Die Hälfte der Sanddorn-Orangen-Creme auf den getränkten Biskuitboden streichen. Creme mit dem zweiten Biskuitboden belegen und diesen mit dem restlichen Orangensaft tränken. Restliche Sanddorn-Orangen-Creme darauf geben und glatt streichen. Den Kuchen kalt stellen.

8 Zum Garnieren Backrahmen lösen und entfernen. Kuchenoberfläche mit den Daim® Minis belegen und dick mit Kakaopulver bestäuben.

® *Registered trademark of Kraft Foods*

Schoko-Marzipan-Kissen

Zubereitungszeit: 50 Minuten, ohne Abkühlzeit I Backzeit: etwa 15 Minuten
Pro Stück: E: 9 g, F: 42 g, Kh: 48 g, kJ: 2539, kcal: 606 I etwa 12 Stücke

Zum Vorbereiten:

2 Pck. Gala Pudding-Pulver Schokolade

120 g Zucker

450 ml Milch

250 g Schlagsahne

Für den Rührteig:

200 g Marzipan-Rohmasse

250 g weiche Butter oder Margarine

150 g Zucker

1 Pck. Dr. Oetker Vanillin-Zucker

1 Prise Salz

4 Eier (Größe M)

125 g Weizenmehl

2 gestr. TL Dr. Oetker Backin

50 g Kakaopulver (ungezuckert)

Für die Füllung:

250 g Schlagsahne

1 Pck. Dr. Oetker Sahnesteif

1 EL Zucker

1 Fläschchen Bittermandel-Aroma

1 Zum Vorbereiten aus Pudding-Pulver, Zucker, Milch und Sahne einen Pudding nach Packungsanleitung, aber mit der hier angegebenen Menge Zucker, Milch und Sahne zubereiten. Den heißen Pudding in eine Schüssel geben, Puddingoberfläche direkt mit Frischhaltefolie belegen und erkalten lassen.

2 Ein Backblech (30 x 40 cm) fetten. Den Backofen vorheizen.
Ober-/Unterhitze: etwa 180 °C
Heißluft: etwa 160 °C

3 Für den Teig Marzipan klein schneiden und in eine Rührschüssel geben. Butter oder Margarine hinzufügen und mit Handrührgerät mit Rührbesen auf höchster Stufe geschmeidig rühren. Nach und nach Zucker, Vanillin-Zucker und Salz unterrühren. So lange rühren, bis eine gebundene Masse entstanden ist.

4 Jedes Ei etwa ½ Minute unterrühren. Mehl mit Backpulver und Kakao mischen und in 2 Portionen auf mittlerer Stufe unterrühren. Den Teig auf das Backblech geben und glatt streichen. Das Backblech auf der mittleren Einschubleiste in den vorgeheizten Backofen schieben. Den Boden **etwa 15 Minuten** backen.

5 Das Backblech auf einen Kuchenrost stellen und den Gebäckboden erkalten lassen.

6 Den Gebäckboden so halbieren, dass 2 Rechtecke (20 x 30 cm) entstehen. Eine Gebäckhälfte in 12 Rechtecke (etwa 5 x 10 cm) schneiden und beiseitelegen. Zweite Gebäckhälfte auf eine Tortenplatte oder auf das gesäuberte Backblech legen.

7 Für die Füllung Sahne mit Sahnesteif und Zucker steif schlagen. Den erkalteten Pudding mit Handrührgerät mit Rührbesen cremig rühren, Aroma unterrühren. Sahne mit einem Teigschaber so unter den Pudding heben, dass ein Marmormuster entsteht. 4 Esslöffel der Creme in einen Spritzbeutel mit Loch- oder Sterntülle füllen. Restliche Creme auf dem Gebäckboden verteilen. Beiseite gelegte Gebäckstücke darauf legen und mit der Creme aus dem Spritzbeutel verzieren.

Weiß-grüner Minzkuchen

Zubereitungszeit: 45 Minuten, ohne Kühlzeit I Backzeit: 15–20 Minuten

Pro Stück: E: 3 g, F: 8 g, Kh: 18 g, kJ: 676, kcal: 162 I etwa 20 Stücke

etwa 6 rechteckige Backoblaten (12,2 x 20,2 cm)

Für den Teig:
6 Eiweiß (Größe M)
½ TL Salz
180 g Zucker
100 g Weizenmehl
1 gestr. TL Dr. Oetker Backin
80 g zerlassene, abgekühlte Butter

Für den Belag:
12 Blatt weiße Gelatine
500 ml (½ l) Wasser
8 Stängel Pfefferminze (oder 4 Teebeutel)
1 Stück Zitronenschale (etwa 3 cm – unbehandelt)
80 g Zucker
1–2 EL Zitronensaft
300 g Schlagsahne
150 g Naturjoghurt

Zum Bestreuen:
einige gehackte Pfefferminzblättchen

Zum Verzieren und Garnieren:
etwas aufgelöste Halbbitter-Kuvertüre
Pfefferminzblättchen

1 Ein Backblech (30 x 40 cm) dachziegelartig mit den Backoblaten belegen. Den Backofen vorheizen.
Ober-/Unterhitze: etwa 200 °C
Heißluft: etwa 180 °C

2 Für den Teig Eiweiß und Salz mit Handrührgerät mit Rührbesen steif schlagen. Nach und nach Zucker unterschlagen. So lange schlagen, bis sich der Zucker aufgelöst hat.

3 Mehl mit Backpulver mischen und vorsichtig unterheben. Butter vorsichtig unterrühren. Den Teig auf die Oblaten streichen. Das Backblech in den vorgeheizten Backofen schieben. Den Boden **15–20 Minuten** backen.

4 Das Backblech auf einen Kuchenrost stellen. Den Gebäckboden erkalten lassen. Einen Backrahmen darumstellen.

5 Für den Belag Gelatine nach Packungsanleitung einweichen. Wasser in einem Topf zum Kochen bringen. Von der Kochstelle nehmen, Minze und Zitronenschale hineingeben und etwa 10 Minuten ziehen lassen. Zitronen-Minz-Tee durch ein Sieb geben. Gelatine ausdrücken und unter Rühren in dem Tee vollständig auflösen. Den Tee mit Zucker und Zitronensaft abschmecken. Kalt stellen.

6 Sahne steif schlagen. Wenn der Tee anfängt dicklich zu werden, Sahne und Joghurt unterheben. Die Creme auf den Gebäckboden geben, mit der gehackten Minze bestreuen und glatt streichen. Den Kuchen kalt stellen. Creme fest werden lassen.

7 Den Backrahmen vorsichtig mit einem Messer lösen und entfernen.

8 Nach Belieben den Kuchen mit der aufgelösten Kuvertüre verzieren, fest werden lassen. Vor dem Servieren mit frischer Minze garnieren.

Kirsch-Schmand-Kuchen mit Eierlikörguss

Zubereitungszeit: 30 Minuten, ohne Kühlzeit I Backzeit: etwa 25 Minuten
Pro Stück: E: 5 g, F: 23 g, Kh: 42 g, kJ: 1752, kcal: 418 I etwa 20 Stücke

Zum Vorbereiten:
2 Gläser Sauerkirschen
(Abtropfgewicht je 370 g)

Für den Rührteig:
4 Eier (Größe M)
250 g Zucker
1 Pck. Dr. Oetker Vanillin-Zucker
125 ml (⅛ l) Speiseöl
150 ml Ginger Ale oder Mineralwasser
250 g Weizenmehl
3 gestr. TL Dr. Oetker Backin

Für den Belag:
500 g Schlagsahne
3 Pck. Dr. Oetker Vanillin-Zucker
3 Pck. Dr. Oetker Sahnesteif
600 g Schmand (Sauerrahm)

Für den Eierlikörguss:
400 ml Eierlikör
2 Pck. Saucenpulver Vanille-Geschmack,
ohne Kochen

1 Zum Vorbereiten die Sauerkirschen auf einem Sieb gut abtropfen lassen. Ein Backblech (30 x 40 cm) fetten und einen Backrahmen in Backblechgröße daraufstellen. Den Backofen vorheizen.
Ober-/Unterhitze: etwa 180 °C
Heißluft: etwa 160 °C

2 Für den Teig Eier, Zucker und Vanillin-Zucker mit Handrührgerät mit Rührbesen auf höchster Stufe in gut 1 Minute schaumig schlagen. Speiseöl und Ginger Ale oder Mineralwasser unterrühren.

3 Mehl mit Backpulver mischen und in 2 Portionen kurz auf mittlerer Stufe unterrühren. Den Teig in den Backrahmen geben und glatt streichen. Das Backblech in den vorgeheizten Backofen schieben. Den Boden **25 Minuten** backen.

4 Das Backblech mit Backrahmen auf einen Kuchenrost stellen und den Gebäckboden darauf erkalten lassen.

5 Für den Belag die Sauerkirschen auf dem Gebäckboden verteilen. Sahne mit Vanillin-Zucker und Sahnesteif steif schlagen. Schmand verrühren und die steif geschlagene Sahne unterheben. Die Masse auf den Sauerkirschen verteilen und glatt streichen.

6 Für den Guss Eierlikör mit Saucenpulver gut verrühren und auf der Sahne-Schmand-Masse verteilen. Den Kuchen etwa 1 Stunde kalt stellen, bis der Guss fest geworden ist.

7 Vor dem Servieren den Backrahmen mit einem Messer lösen und entfernen.

Karibische Rumschnitten

Zubereitungszeit: 60 Minuten, ohne Durchzieh- und Kühlzeit

Pro Stück: E: 6 g, F: 32 g, Kh: 31 g, kJ: 1987, kcal: 475 I etwa 15 Stücke

Zum Vorbereiten:

2 Pck. (je 200 g) Tropische Mischung aus Trockenfrüchten und Nusskernen

250 ml (¼ l) weißer Rum (etwa 40 Vol.-%)

Für den Boden:

100 g Vollmilch-Kuvertüre

175 g Löffelbiskuits

Für den Belag:

6 Blatt weiße Gelatine

500 g Mascarpone (ital. Frischkäse)

50–60 g Zucker

1–2 gestr. TL gemahlener Zimt

400 g Schlagsahne

Zum Garnieren:

1–2 TL gemahlener Zimt

1 Zum Vorbereiten aus der Tropischen Mischung die Nusskerne und Kokos-Chips aussortieren und beiseitelegen. Die Trockenfrüchte in eine Schüssel geben, mit dem Rum übergießen und mehrere Stunden (am besten über Nacht) durchziehen lassen, bis der Rum von den Früchten aufgesogen ist.

2 Für den Boden einen Backrahmen (etwa 25 x 25 cm) auf ein Backblech (mit Backpapier belegt) stellen. Kuvertüre grob hacken und in einem kleinen Topf im Wasserbad bei schwacher Hitze unter Rühren schmelzen lassen. Löffelbiskuit auf einer Seite mit der aufgelösten Kuvertüre bestreichen und mit der bestrichenen Seite nach unten auf das Backpapier in den Backrahmen legen. Den Boden kalt stellen und die Kuvertüre fest werden lassen.

3 Für den Belag Gelatine nach Packungsanleitung einweichen. Mascarpone mit Zucker und Zimt verrühren. Gelatine leicht ausdrücken und in einem kleinen Topf bei schwacher Hitze unter Rühren auflösen.

4 Die aufgelöste Gelatine zuerst mit einigen Löffeln von der Mascarponemasse verrühren, dann die Mischung mit der restlichen Masse verrühren. Sahne steif schlagen und vorsichtig unterheben.

5 Eingelegte Trockenfrüchte auf dem Löffelbiskuitboden verteilen. Creme darauf verteilen und glatt streichen. Die Kuchenoberfläche mit einem Tortenkamm verzieren. Den Kuchen etwa 2 Stunden kalt stellen.

6 Zum Garnieren beiseite gelegte Nusskerne und Kokos-Chips in einer Pfanne ohne Fett rösten und auf einem Teller erkalten lassen. Die Kuchenoberfläche mit Zimt bestäuben und mit den Nusskernen und Kokos-Chips garnieren.

Margarita-Kuchen

Zubereitungszeit: 50 Minuten, ohne Kühlzeit I Backzeit: etwa 20 Minuten

Pro Stück: E: 8 g, F: 16 g, Kh: 30 g, kJ: 1357, kcal: 324 I etwa 20 Stücke

Für den Schüttelteig:

250 g Weizenmehl

3 gestr. TL Dr. Oetker Backin

175 g Zucker

1 Pck. Dr. Oetker Vanillin-Zucker

1 Pck. Dr. Oetker Finesse Geriebene
Zitronenschale

4 Eier (Größe M)

125 ml (⅛ l) Speiseöl

125 ml (⅛ l) Zitronenlimonade

Für den Belag:

6 Blatt weiße Gelatine

500 g Magerquark

250 g Zitronenjoghurt

125 ml (⅛ l) Tequila

100 g Zucker

300 g Schlagsahne

Zum Verzieren und Garnieren:

200 g Schlagsahne

1 Pck. Dr. Oetker Vanillin-Zucker

1–2 EL Cointreau (Orangenlikör)

einige Geleezitronen
(aus dem Süßwarenfachgeschäft)

etwas unbehandelte Zitronenschale

etwas Zitronenmelisse

Tipp

Für eine alkoholfreie Variante den Tequila
durch 50 ml Zitronensaft und 75 ml Milch
ersetzen und Cointreau zum Verzieren
ersatzlos weglassen.

1 Eine Fettpfanne (30 x 40 cm) fetten und mehlen. Den Backofen vorheizen.
Ober-/Unterhitze: etwa 180 °C
Heißluft: etwa 160 °C

2 Für den Teig Mehl mit Backpulver, Zucker, Vanillin-Zucker und Zitronenschale
in einer verschließbaren Schüssel (etwa 3 l) mischen. Eier, Speiseöl und
Limonade hinzufügen und die Schüssel mit dem Deckel fest verschließen.

3 Schüssel mehrmals kräftig schütteln (insgesamt 15–30 Sekunden), so dass
alle Zutaten gut vermischt sind. Alles mit einem Schneebesen oder Rührlöffel nochmals sorgfältig durchrühren, damit trockene Zutaten vom Rand mit
untergerührt werden. Den Teig in die Fettpfanne füllen und glatt streichen.
Die Fettpfanne in den vorgeheizten Backofen schieben. Den Kuchen **etwa
20 Minuten** backen.

4 Die Fettpfanne auf einen Kuchenrost stellen und den Kuchen darauf erkalten
lassen.

5 Für den Belag Gelatine nach Packungsanleitung einweichen. Quark mit Joghurt, Tequila und Zucker in einer Schüssel verrühren. Gelatine ausdrücken,
auflösen und zunächst mit etwas von der Quarkmasse verrühren, dann unter
die restliche Quarkmasse rühren und kalt stellen.

6 Sobald die Masse beginnt dicklich zu werden, Sahne steif schlagen und
unterheben. Die Creme auf dem Boden in der Fettpfanne verstreichen und
mit einem Tortengarnierkamm verzieren. Den Kuchen etwa 2 Stunden kalt
stellen.

7 Zum Verzieren und Garnieren Sahne mit Vanillin-Zucker steif schlagen und
Cointreau kurz unterrühren. Sahne in einen Spritzbeutel mit großer Stern-
oder Kammtülle füllen und dicke Tupfen oder Streifen auf die Oberfläche
spritzen. Den Kuchen in Quadrate schneiden. Geleezitronen einschneiden,
fächerartig etwas auseinanderziehen und die Quadrate mit den Zitronen, der
in Streifen geschnittenen Zitronenschale und Zitronenmelisse garnieren.

Cappuccino-Schnitten

Zubereitungszeit: 30 Minuten, ohne Kühlzeit
Pro Stück: E: 8 g, F: 23 g, Kh: 35 g, kJ: 1666, kcal: 398 I etwa 8 Stücke

Zum Vorbereiten:
1 Pck. (10 g) Cappuccino-Pulver
100 ml heißes Wasser

Für die Füllungen:
6 Blatt weiße Gelatine
4 Becher Mousse au Chocolat
(je 100 g, aus dem Kühlregal)

300 g Schlagsahne
1 Pck. (10 g) Cappuccino-Pulver
1 Pck. Dr. Oetker Bourbon-Vanille-Zucker
4 EL Mandel- oder Vanillelikör

etwa 175 g Butterkekse

Zum Garnieren:
1 TL Kakaopulver
½ Pck. Mini-Butterkekse

1 Zum Vorbereiten das Cappuccino-Pulver mit heißem Wasser auflösen und abkühlen lassen. Eine kleine rechteckige Auflaufform (etwa 12 x 22 cm) mit Frischhaltefolie auslegen.

2 Für die Füllungen Gelatine nach Packungsanleitung einweichen. Für die dunkle Creme die Mousse in eine Schüssel geben. Sahne steif schlagen. Gelatine leicht ausdrücken und mit 4 Esslöffeln des vorbereiteten Cappuccinos in einem kleinen Topf bei schwacher Hitze unter Rühren auflösen.

3 Die Hälfte der Gelatinemischung mit 2–3 Esslöffeln Mousse anrühren, dann mit der restlichen Mousse verrühren. Anschließend ein Drittel der Sahne unter die Mousse-Gelatine-Mischung heben und kalt stellen.

4 Für die helle Creme Cappuccino-Pulver und Vanille-Zucker unter die restliche Sahne rühren. 2–3 Esslöffel davon mit der restlichen Gelatinemischung anrühren (evtl. diese vorher nochmals leicht erwärmen), dann mit der restlichen hellen Creme verrühren.

5 Die Hälfte der hellen Creme auf den Boden der Form streichen und eine Lage Butterkekse darauf legen. Restlichen vorbereiteten Cappuccino mit dem Likör verrühren. Kekse mit etwas von der Cappuccino-Likör-Mischung beträufeln. Die Hälfte der dunklen Creme darauf streichen, wieder eine Lage Kekse darauflegen und diese mit etwas von der Cappuccino-Likör-Mischung beträufeln. Nochmals helle Creme, Kekse, dunkle Creme und Kekse einschichten. Den Kuchen mindestens 2 Stunden kalt stellen.

6 Zum Servieren den Kuchen mit Hilfe der Folie auf eine Kuchenplatte stürzen und die Folie entfernen. Kuchen mit Kakao bestäuben und mit Mini-Butterkeksen garnieren.

Caipirinha-Kuchen

Zubereitungszeit: 50 Minuten, ohne Kühlzeit I Backzeit: etwa 30 Minuten
Pro Stück: E: 5 g, F: 15 g, Kh: 19 g, kJ: 1064, kcal: 254 I etwa 25 Stücke

Für den All-in-Teig:

150 g Weizenmehl

3 gestr. TL Dr. Oetker Backin

150 g brauner Zucker (Kandisfarin)

1 Pck. Dr. Oetker Vanillin-Zucker

4 Eier (Größe M)

150 g Butter oder Margarine

100 g nicht abgezogene, gemahlene Mandeln

Für die Creme:

8 Blatt weiße Gelatine

500 g Dickmilch

150 ml fertig gemixter Caipirinha-Likör

100 g brauner Zucker (Kandisfarin)

400 g Schlagsahne

Zum Garnieren:

50 g abgezogene, gehobelte Mandeln

30 g brauner Zucker (Kandisfarin)

1 Limette

1 Ein Backblech fetten, mehlen und einen Backrahmen (26 x 26 cm) daraufstellen. Den Backofen vorheizen.
Ober-/Unterhitze: etwa 180 °C
Heißluft: etwa 160 °C

2 Für den Teig Mehl mit Backpulver in einer Rührschüssel mischen. Restliche Zutaten hinzufügen und alles mit Handrührgerät mit Rührbesen zunächst kurz auf niedrigster, dann auf höchster Stufe in etwa 2 Minuten zu einem Teig verarbeiten.

3 Den Teig in den Backrahmen füllen und glatt streichen. Das Backblech in den vorgeheizten Backofen schieben. Den Kuchen **etwa 30 Minuten** backen.

4 Das Backblech auf einen Kuchenrost stellen und den Kuchen mit dem Backrahmen darauf erkalten lassen.

5 Für die Creme Gelatine nach Packungsanleitung einweichen. Dickmilch mit Caipirinha-Likör und Zucker in einer Schüssel gut verrühren, bis der Zucker gelöst ist. Gelatine leicht ausdrücken und in einem kleinen Topf bei schwacher Hitze unter Rühren auflösen. Gelatine zunächst mit 2 Esslöffeln von der Dickmilchmasse verrühren, dann die Mischung unter die restliche Dickmilchmasse rühren. Dickmilchmasse kalt stellen.

6 Sobald die Masse beginnt dicklich zu werden, Sahne steif schlagen. Masse kurz durchrühren und Sahne unterheben. Die Creme auf dem Boden verteilen, glatt streichen und den Kuchen etwa 3 Stunden kalt stellen.

7 Zum Garnieren Mandeln mit Zucker in eine Pfanne geben und unter Rühren bräunen. Mandeln auf einen Teller geben und erkalten lassen.

8 Backrahmen lösen, entfernen und den Kuchen auf eine Tortenplatte legen. Mandeln kurz vor dem Servieren auf der Kuchenoberfläche verteilen. Limette heiß abwaschen, abtrocknen, in Scheiben schneiden und diese dekorativ auf der Oberfläche verteilen.

Amarena-Schokoladen-Kuchen

Zubereitungszeit: 45 Minuten, ohne Kühlzeit I Backzeit: etwa 20 Minuten
Pro Stück: E: 4 g, F: 22 g, Kh: 28 g, kJ: 1398, kcal: 334 I etwa 20 Stücke

Für den All-in-Teig:

150 g Weizenmehl

2 Pck. Gala-Schokoladen Pudding-Pulver

3 gestr. TL Dr. Oetker Backin

150 g Zucker

4 Eier (Größe M)

200 g weiche Butter oder Margarine

50 ml Amarena-Likör

Für den Belag:

100 g Schokolade mit
Kirsch-Joghurt-Füllung

250 g Mascarpone
(italienischer Frischkäse)

1–2 EL gesiebter Puderzucker

50 ml Amarena-Likör

1 Becher (500 g) Sahne-Schokoladen-
Pudding (Kühlregal)

Zum Garnieren und Beträufeln:

50 g Schokolade mit
Kirsch-Joghurt-Füllung

50 g dunkle Kuchenglasur

1 Ein Backblech (30 x 40 cm) fetten. Den Backofen vorheizen.
Ober-/Unterhitze: etwa 180 °C
Heißluft: etwa 160 °C

2 Für den Teig Mehl mit Pudding-Pulver und Backpulver in einer Rührschüssel mischen. Zucker, Eier, Butter oder Margarine und Likör hinzufügen. Die Zutaten mit Handrührgerät mit Rührbesen zunächst kurz auf niedrigster, dann auf höchster Stufe in etwa 2 Minuten zu einem glatten Teig verarbeiten. Den Teig auf das Backblech geben und glatt streichen. Das Backblech in den vorgeheizten Backofen schieben. Den Boden **etwa 20 Minuten** backen.

3 Das Backblech auf einen Kuchenrost stellen und den Gebäckboden erkalten lassen.

4 Für den Belag Schokolade fein hacken. Mascarpone, Puderzucker und Likör in eine hohe Rührschüssel geben und mit Handrührgerät mit Rührbesen auf höchster Stufe zu einer Creme aufschlagen. Pudding nach und nach unterrühren. Schokoladenstückchen unterheben. Die Creme wellenartig auf den Gebäckboden streichen. Den Kuchen mindestens 30 Minuten kalt stellen, in rechteckige Stücke schneiden.

5 Zum Garnieren und Beträufeln Schokolade mit einem Sparschäler in feine Streifen hobeln und auf den Kuchenstücken verteilen. Kuchenglasur nach Packungsanleitung auflösen und die Kuchenstücke damit beträufeln. Glasur fest werden lassen.

Tipp

Wenn Sie keinen fertigen Pudding für den Belag verwenden möchten, können Sie selbst aus 1 Päckchen Gala Pudding-Pulver Schokolade, 400 ml Milch und 2 Esslöffeln Zucker nach Packungsanleitung einen Pudding zubereiten. Den erkalteten Pudding dann wie unter Punkt 3 beschrieben unterrühren.

Amrumer Wattwurmkuchen

Zubereitungszeit: 35 Minuten I Backzeit: 25–30 Minuten

Pro Stück: E: 4 g, F: 23 g, Kh: 39 g, kJ: 1672, kcal: 399 I etwa 20 Stücke

Für den Rührteig:
250 g weiche Butter oder Margarine
200 g Zucker
1 Pck. Dr. Oetker Vanillin-Zucker
1 Prise Salz
4 Eier (Größe M)
250 g Weizenmehl
50 g Speisestärke
3 gestr. TL Dr. Oetker Backin
2 EL Rum

Für den dunklen Teig:
2 EL Kakaopulver
1 EL Rum
Semmelbrösel

Für die Füllung:
2 Gläser Sauerkirschen
(Abtropfgewicht je 370 g)

850 ml Kirschsaft aus den Gläsern
(mit Wasser aufgefüllt)

2 Pck. Dr. Oetker Pudding-Pulver
Vanille-Geschmack

Für den Belag:
50 g Zartbitter-Schokolade
50 g Schlagsahne
gut 1 EL Rum
600 g Schlagsahne
2 Pck. Dr. Oetker Sahnesteif

1 Ein Backblech (30 x 40 cm) fetten und mit Semmelbröseln bestreuen. Den Backofen vorheizen.
Ober-/Unterhitze: etwa 180 °C
Heißluft: etwa 160 °C

2 Für den Teig Butter oder Margarine mit Handrührgerät mit Rührbesen auf höchster Stufe geschmeidig rühren. Nach und nach Zucker, Vanillin-Zucker und Salz unterrühren. So lange rühren, bis eine gebundene Masse entstanden ist.

3 Jedes Ei etwa ½ Minute unterrühren. Mehl mit Speisestärke und Backpulver mischen und in 2 Portionen abwechselnd mit dem Rum auf mittlerer Stufe unterrühren. Gut zwei Drittel des Teiges auf das Backblech geben und verstreichen.

4 Für den dunklen Teig Kakao und Rum unter den Rest des Teiges rühren. Den dunklen Teig in einen Spritzbeutel mit Lochtülle füllen und etwa 5 cm lange „Wattwürmer" auf den hellen Teig spritzen. Das Backblech in den vorgeheizten Backofen schieben. Den Kuchen **25–30 Minuten** backen.

5 Das Backblech auf einen Kuchenrost stellen und den Kuchen darauf erkalten lassen.

6 Für die Füllung Sauerkirschen auf einem Sieb abtropfen lassen, den Saft dabei auffangen. 850 ml davon abmessen (mit Wasser auffüllen). Den Saft mit Pudding-Pulver in einem Topf verrühren und unter Rühren aufkochen lassen. Dann die Sauerkirschen unterrühren. Die Kirschmasse auf dem Boden verteilen und erkalten lassen.

7 Für den Belag Schokolade grob zerkleinern, 50 g Sahne erwärmen und den Topf von der Kochstelle nehmen. Schokolade hinzufügen und alles zu einer glatten Masse verrühren. Rum dazugeben und die Masse erkalten lassen.

8 600 g Sahne mit Sahnesteif steif schlagen und auf den Sauerkirschen verstreichen. Mit einem Teelöffel kleine Vertiefungen in die Sahne eindrücken. Die Schokoladenmasse mit einem Teelöffel in den Sahnevertiefungen verteilen.

„White Russian"

Zubereitungszeit: 40 Minuten, ohne Kühlzeit I Backzeit: etwa 20 Minuten
Pro Stück: E: 4 g, F: 18 g, Kh: 27 g, kJ: 1293, kcal: 308 I etwa 20 Stücke

Für den Rührteig:

150 g weiche Butter oder Margarine

150 g Zucker

1 Pck. Dr. Oetker Vanillin-Zucker

1 Prise Salz

4 Eier (Größe M)

250 g Weizenmehl

3 gestr. TL Dr. Oetker Backin

3 EL Kakaopulver (ungezuckert)

75 ml Kaffeelikör

50 g Raspelschokolade

Für den Belag:

500 g Schlagsahne

100 ml Wodka

2 Pck. Paradies Creme Vanille (Dessertpulver)

25 g Raspelschokolade

Zum Verzieren:

1 Blatt weiße Gelatine

50 ml Wodka

50 ml Milch

2 TL Zucker

1 Ein Backblech (30 x 40 cm) fetten. Den Backofen vorheizen.
Ober-/Unterhitze: etwa 180 °C
Heißluft: etwa 160 °C

2 Für den Teig Butter oder Margarine in einer Rührschüssel mit Handrührgerät mit Rührbesen auf höchster Stufe geschmeidig rühren. Nach und nach Zucker, Vanillin-Zucker und Salz unterrühren und so lange rühren, bis eine gebundene Masse entstanden ist.

3 Jedes Ei etwa ½ Minute unterrühren. Mehl mit Backpulver und Kakao mischen und mit dem Likör in 2 Portionen auf mittlerer Stufe unterrühren. Den Teig auf das Backblech geben und glatt streichen. Vor den Teig einen mehrfach geknickten Streifen Alufolie legen. Raspelschokolade auf den Teig streuen. Das Backblech auf der mittleren Einschubleiste in den vorgeheizten Backofen schieben. Den Boden **etwa 20 Minuten** backen.

4 Das Backblech auf einen Kuchenrost stellen und den Gebäckboden erkalten lassen.

5 Für den Belag Sahne und Wodka in eine Rührschüssel geben. Cremepulver hinzufügen und mit Handrührgerät mit Rührbesen zunächst kurz auf niedrigster, dann auf höchster Stufe etwa 3 Minuten cremig aufschlagen. Etwa 4 Esslöffel der Creme in einen Spritzbeutel mit Lochtülle (Ø 7 mm) füllen und beiseitelegen. Restliche Creme auf den Gebäckboden geben und glatt streichen. Mit der Creme aus dem Spritzbeutel Rechtecke aufspritzen. In die Zwischenräume Raspelschokolade streuen.

6 Zum Verzieren Gelatine nach Packungsanleitung einweichen und in einem kleinen Topf bei schwacher Hitze unter Rühren auflösen. Wodka mit Milch und Zucker mischen, Gelatine gut unterrühren und die Wodka-Milch-Flüssigkeit in die gespritzten Rechtecke gießen. Den Kuchen mindestens 30 Minuten kalt stellen.

Blondes Blech

Zubereitungszeit: 40 Minuten I Backzeit: etwa 30 Minuten
Pro Stück: E: 6 g, F: 32 g, Kh: 29 g, kJ: 1831, kcal: 437 I etwa 20 Stücke

Für den Rührteig:
200 g weiche Butter oder Margarine
200 g Zucker
1 Pck. Dr. Oetker Vanillin-Zucker
1 Fläschchen Rum-Aroma
1 Prise Salz
8 Eigelb (Größe M)
50 g gehackte Haselnusskerne
300 g gemahlene Haselnusskerne
1 gestr. TL Dr. Oetker Backin
100 g Zartbitter-Raspelschokolade
8 Eiweiß (Größe M)

Für den Belag:
1 Glas Wild-Preiselbeeren (Einw. 210 g)
500–600 g Schlagsahne
1 Pck. Dr. Oetker Vanillin-Zucker
2 Pck. Dr. Oetker Sahnesteif
100 ml Eierlikör
1 Pck. Saucenpulver Vanille-Geschmack ohne Kochen

1 Ein Backblech (30 x 40 cm) fetten. Den Backofen vorheizen.
Ober-/Unterhitze: etwa 180 °C
Heißluft: etwa 160 °C

2 Für den Teig Butter oder Margarine mit Handrührgerät mit Rührbesen auf höchster Stufe geschmeidig rühren. Nach und nach Zucker und Vanillin-Zucker unterrühren. So lange rühren, bis eine gebundene Masse entstanden ist. Rum-Aroma und Salz unterrühren.

3 Eigelb nach und nach unterrühren. Haselnusskerne mit Backpulver mischen und mit der Raspelschokolade in 2 Portionen unterrühren.

4 Eiweiß steif schlagen und unterheben. Den Teig auf das Backblech geben, glatt streichen und das Backblech in den vorgeheizten Backofen schieben. Den Boden **etwa 30 Minuten** backen.

5 Für den Belag sofort nach dem Backen die Preiselbeeren auf dem heißen Boden verstreichen. Das Backblech auf einen Kuchenrost stellen und den Kuchen darauf erkalten lassen.

6 Sahne mit Vanillin-Zucker und Sahnesteif steif schlagen. Sahne auf dem Kuchen verstreichen und mit einem Teelöffel Spitzen hochziehen. Eierlikör mit Saucenpulver mit einem Schneebesen verrühren und diagonal über den Kuchen sprenkeln.

Abwandlung: Der Kuchen schmeckt statt mit Preiselbeeren auch sehr gut mit frischen Himbeeren.

Tipp
Der Kuchen kann gut am Vortag zubereitet werden. Der Kuchen ist ohne den Eierlikörguss gefriergeeignet. Den Guss dann erst nach dem Auftauen auf den Kuchen sprenkeln.

Rote-Grütze-Eierlikörkuchen

Zubereitungszeit: 40 Minuten I Backzeit: etwa 20 Minuten

Pro Stück: E: 4 g, F: 21 g, Kh: 43 g, kJ: 1646, kcal: 392 I etwa 20 Stücke

Für den Teig:
4 Eier (Größe M)
200 g Puderzucker
1 Pck. Dr. Oetker Vanillin-Zucker
1 Prise Salz
150 ml Speiseöl
150 ml Eierlikör
100 g Weizenmehl
100 g Speisestärke
2 gestr. TL Dr. Oetker Backin

Für den Belag:
8 Blatt weiße Gelatine
3 Becher (je 500 g) Rote Grütze
(aus dem Kühlregal)

Zum Garnieren:
750 g Schlagsahne
3 Pck. Dr. Oetker Vanillin-Zucker
3 Pck. Dr. Oetker Sahnesteif

1 Ein Backblech (30 x 40 cm) fetten und einen Backrahmen in Backblechgröße daraufstellen. Den Backofen vorheizen.
Ober-/Unterhitze: etwa 180 °C
Heißluft: etwa 160 °C

2 Für den Teig Eier mit Puderzucker, Vanillin-Zucker und Salz mit Handrührgerät mit Rührbesen auf höchster Stufe in 1 Minute schaumig rühren. Öl und Eierlikör unterrühren. Mehl mit Speisestärke und Backpulver mischen und auf mittlerer Stufe kurz unterrühren.

3 Den Teig in den Backrahmen geben und glatt streichen. Das Backblech in den vorgeheizten Backofen schieben. Den Kuchen **etwa 20 Minuten** backen.

4 Das Backblech auf einen Kuchenrost stellen und den Kuchen darauf erkalten lassen.

5 Für den Belag Gelatine nach Packungsanleitung einweichen. Rote Grütze in eine Schüssel geben. Gelatine leicht ausdrücken, in einem Topf bei schwacher Hitze auflösen und mit 2 Esslöffeln von der Roten Grütze verrühren. Dann die Mischung nach und nach unter die Rote Grütze rühren. Die Masse auf dem Boden verteilen und den Kuchen 2–3 Stunden kalt stellen.

6 Zum Garnieren den Backrahmen vorsichtig mit einem Messer lösen und entfernen. Sahne 1 Minute schlagen, Vanillin-Zucker und Sahnesteif mischen, unterrühren und die Sahne ganz steif schlagen. Sahne in einen Spritzbeutel mit Lochtülle füllen und vorsichtig auf die Rote Grütze spritzen.

Tipp

Die Sahne zusätzlich mit 3–4 Esslöffeln Eierlikör abschmecken. Oder die Sahne auf die Rote Grütze streichen, mit einem Teelöffel Vertiefungen eindrücken und mit Eierlikör füllen.
Statt Rote Grütze und Gelatine können Sie 2 Gläser Heidelbeeren (Abtropfgewicht je 205 g) und Tortenguss verwenden, und den Saft (evtl. mit Wasser auf 450 ml ergänzen) mit 2 Päckchen klarem Tortenguss andicken. Heidelbeeren unterheben und die Masse auf den Boden streichen.

Kinder-Wattekuchen

Zubereitungszeit: 30 Minuten, ohne Abkühlzeit I Backzeit: etwa 15 Minuten

Pro Stück: E: 4 g, F: 12 g, Kh: 30 g, kJ: 1013, kcal: 242 I etwa 20 Stücke

Für den All-in-Teig:

300 g Weizenmehl

1 Pck. Dr. Oetker Backin

200 g Zucker

1 Pck. Dr. Oetker Vanillin-Zucker

3 Eier (Größe M)

300 ml Buttermilch

100 g Kakaogetränkepulver

Für den Belag:

600 g Schlagsahne

2 Pck. Dr. Oetker Sahnesteif

2 leicht geh. EL Kakaogetränkepulver

Zum Garnieren:

dunkles Kakaopulver

einige Schokolinsen

1 Ein Backblech (30 x 40 cm) fetten und einen Backrahmen in Backblechgröße daraufstellen. Den Backofen vorheizen.
Ober-/Unterhitze: etwa 180 °C
Heißluft: etwa 160 °C

2 Für den Teig Mehl mit Backpulver in einer Rührschüssel mischen. Zucker, Vanillin-Zucker, Eier, Buttermilch und Kakaogetränkepulver hinzufügen und alles mit Handrührgerät mit Rührbesen kurz auf niedrigster, dann auf höchster Stufe in etwa 2 Minuten zu einem Teig verarbeiten.

3 Den Teig in den Backrahmen füllen und glatt streichen. Das Backblech in den vorgeheizten Backofen schieben und **etwa 15 Minuten** backen.

4 Backrahmen lösen und entfernen. Das Gebäck mit Backblech auf einen Kuchenrost stellen und erkalten lassen.

5 Für den Belag Sahne mit Sahnesteif und Kakaogetränkepulver steif schlagen. Die Kakaosahne mit einem Tortenheber gleichmäßig auf dem Boden verstreichen und mit einer Gabel ein Muster in die Sahne ziehen. Kuchen bis zum Servieren kalt stellen.

6 Kurz vor dem Servieren Kakaopulver in kleinen Tupfen auf die Oberfläche stäuben und die Schokolinsen auf die Kakaotupfen legen.

Apfel-Pommes-Kuchen, rot-weiß

Zubereitungszeit: 35 Minuten, ohne Teiggehzeit I Backzeit: etwa 40 Minuten
Pro Stück: E: 5 g, F: 9 g, Kh: 35 g, kJ: 1019, kcal: 243 I etwa 20 Stücke

Für den Hefeteig:

200 ml Milch

50 g Butter oder Margarine

375 g Weizenmehl

1 Pck. Dr. Oetker Trockenbackhefe

50 g Zucker

1 Pck. Dr. Oetker Vanillin-Zucker

1 Prise Salz

1 Ei (Größe M)

Für den Belag:

1 Pck. Dr. Oetker Pudding-Pulver
Vanille-Geschmack

50 g Zucker

500 ml (½ l) Milch

250 g Schmand (Sauerrahm)

1,5 kg kleine Äpfel

Außerdem:

250 g Schmand (Sauerrahm)

½ Glas Wild-Preiselbeeren
(Einwaage 210 g)

1 Für den Teig Milch erwärmen und die Butter darin zerlassen. Milch etwas abkühlen lassen. Mehl in einer Rührschüssel sorgfältig mit der Trockenback-hefe vermischen. Zucker, Vanillin-Zucker, Salz, Ei und die warme Milch-Fett-Mischung hinzufügen.

2 Die Zutaten mit Handrührgerät mit Knethaken zunächst kurz auf niedrigster, dann auf höchster Stufe in etwa 5 Minuten zu einem glatten Teig verarbeiten. Den Teig zugedeckt so lange an einem warmen Ort gehen lassen, bis er sich sichtbar vergrößert hat.

3 Für den Belag aus Pudding-Pulver, Zucker und Milch nach Packungsan-leitung einen Pudding zubereiten. Den Schmand unter den noch warmen Pudding rühren und den Pudding etwas abkühlen lassen.

4 Äpfel schälen, vierteln und entkernen. Apfelviertel gerade schneiden und Stif-te (Pommes-frites-Größe) daraus schneiden. Die abgeschnittenen Apfelreste sehr klein schneiden und unter den Pudding rühren. Ein Backblech (30 x 40 cm) fetten.

5 Den Teig mit etwas Mehl bestäuben, aus der Schüssel nehmen und auf der leicht bemehlten Arbeitsfläche nochmals kurz durchkneten. Teig auf dem Backblech ausrollen.

6 Apfel-Pudding-Masse darauf geben und glatt streichen. Einen Backrahmen darumstellen. Apfelstifte darauf verteilen. Den belegten Teig zugedeckt nochmals so lange an einem warmen Ort gehen lassen, bis er sich sichtbar vergrößert hat. Inzwischen den Backofen vorheizen.
Ober-/Unterhitze: etwa 180 °C
Heißluft: etwa 160 °C

7 Das Backblech in den vorgeheizten Backofen schieben. Den Kuchen **etwa 40 Minuten** backen.

8 Das Backblech auf einen Kuchenrost stellen und den Kuchen etwas abkühlen lassen. Abwechselnd Schmand und Preiselbeeren mit einem Teelöffel als Kleckse auf den Kuchen geben. Backrahmen lösen und entfernen. Kuchen erkalten lassen und in Stücke schneiden.

Froschkönig-Rolle

Zubereitungszeit: 60 Minuten, ohne Kühlzeit I Backzeit: 8–10 Minuten
Pro Stück: E: 5 g, F: 14 g, Kh: 21 g, kJ: 968, kcal: 231 I etwa 16 Stücke

Für den Biskuitteig:

4 Eier (Größe M)

1 Eigelb (Größe M)

75 g Zucker

30 g Weizenmehl

1 Pck. Dr. Oetker Pudding-Pulver
Vanille-Geschmack

1 gestr. TL Dr. Oetker Backin

Für die Füllung:

4 Blatt weiße Gelatine

1 Glas Stachelbeeren
(Abtropfgewicht 195 g)

2 EL Zitronensaft

75 ml Waldmeistersirup

2 EL Zucker

200 g Doppelrahm-Frischkäse

100 ml Stachelbeersaft aus dem Glas

225 g Schlagsahne

1 Becher (125 g) Götterspeise
Waldmeister-Geschmack

Zum Bestreichen und Garnieren:

175 g Schlagsahne

1 Pck. Dr. Oetker Vanillin-Zucker

1 Becher (125 g) Götterspeise
Waldmeister-Geschmack

einige Fruchtgummifrösche

1 Ein Backblech (30 x 40 cm) fetten und mit Backpapier belegen. Den Backofen vorheizen.
Ober-/Unterhitze: etwa 200 °C
Heißluft: etwa 180 °C

2 Für den Teig Eier und Eigelb mit Handrührgerät mit Rührbesen auf höchster Stufe in 1 Minute schaumig schlagen. Zucker in 1 Minute unter Rühren einstreuen, dann noch 2 Minuten weiterschlagen.

3 Mehl mit Pudding-Pulver und Backpulver mischen und kurz auf niedrigster Stufe unterrühren. Den Teig auf das Backblech geben und glatt streichen. Das Backblech in den vorgeheizten Backofen schieben. Den Biskuit **8–10 Minuten** backen.

4 Nach dem Backen Gebäckrand mit einem Messer lösen, Platte auf mit Zucker bestreutes Backpapier stürzen und mitgebackenes Backpapier vorsichtig abziehen. Die Biskuitplatte erkalten lassen.

5 Für die Füllung Gelatine nach Packungsanleitung einweichen. Stachelbeeren auf einem Sieb gut abtropfen lassen, Saft dabei auffangen und 100 ml davon abmessen. Zitronensaft mit Sirup, Zucker, Frischkäse und dem abgemessenen Stachelbeersaft verrühren.

6 Gelatine leicht ausdrücken und in einem kleinen Topf bei schwacher Hitze unter Rühren auflösen. Etwas von der Frischkäsemasse in die Gelatine rühren, dann die Mischung zur restlichen Frischkäsemasse geben und gut verrühren. Die Masse kalt stellen.

7 Wenn die Masse beginnt dicklich zu werden, Sahne steif schlagen und unterheben. Götterspeise aus dem Becher stürzen, in Würfel schneiden und ebenfalls unterheben. Die Creme auf die erkaltete Gebäckplatte streichen, Stachelbeeren darauf verteilen und die Platte von der längeren Seite aus aufrollen. Die Rolle 1–2 Stunden kalt stellen.

8 Zum Bestreichen und Garnieren Sahne mit Vanillin-Zucker steif schlagen und die Rolle damit bestreichen. Götterspeise aus dem Becher stürzen, in Würfel schneiden und die Rolle mit Götterspeisewürfeln und Fruchtgummifröschen garnieren.

Flockenschnitten mit Marshmallows

Zubereitungszeit: 40 Minuten, ohne Kühlzeit I Backzeit: 20–25 Minuten

Pro Stück: E: 5 g, F: 12 g, Kh: 26 g, kJ: 995, kcal: 238 I etwa 20 Stücke

Für den Rührteig:

150 g weiche Butter oder Margarine

120 g Zucker

1 Prise Salz

2 Eier (Größe M)

120 g Weizenmehl

1 gestr. TL Dr. Oetker Backin

1 Msp. gemahlener Zimt

100 g zarte Haferflocken

Für den Belag:

10 Blatt weiße Gelatine

500 g frische Erdbeeren

750 g Erdbeerjoghurt

1–2 EL Zucker

200 g Schlagsahne

100 g kleine Marshmallows oder gewürfelter Hamburger Speck

1 Ein Backblech (30 x 40 cm) fetten. Den Backofen vorheizen.
Ober-/Unterhitze: etwa 200 °C
Heißluft: etwa 180 °C

2 Für den Teig Butter oder Margarine mit Handrührgerät mit Rührbesen auf höchster Stufe geschmeidig rühren. Nach und nach Zucker und Salz unterrühren. So lange rühren, bis eine gebundene Masse entstanden ist.

3 Jedes Ei etwa ½ Minute unterrühren. Mehl mit Backpulver und Zimt mischen und auf mittlerer Stufe kurz unterrühren. Zuletzt Haferflocken unterheben. Den Teig auf das Backblech geben und glatt streichen. Backblech in den vorgeheizten Backofen schieben und **20–25 Minuten** backen.

4 Das Backblech auf einen Kuchenrost stellen und den Kuchen darauf erkalten lassen. Anschließend einen Backrahmen um den Kuchen stellen.

5 Für den Belag Gelatine nach Packungsanleitung einweichen. Erdbeeren waschen, abtropfen lassen, entstielen, vierteln oder in Stücke schneiden. Joghurt mit Zucker verrühren.

6 Gelatine leicht ausdrücken und in einem kleinen Topf bei schwacher Hitze unter Rühren auflösen. Zuerst 3 Esslöffel des Joghurts unter die Gelatine rühren, dann den restlichen Joghurt unterrühren und die Masse kalt stellen.

7 Sobald die Joghurtmasse beginnt dicklich zu werden, Sahne steif schlagen und unterheben. Die Joghurtcreme auf den Kuchen geben und glatt streichen. Erdbeeren und Marshmallows darauf verteilen und leicht andrücken. Den Kuchen etwa 2 Stunden kalt stellen.

8 Vor dem Servieren den Backrahmen vorsichtig mit einem Messer lösen und entfernen. Den Kuchen in Stücke schneiden.

Den Belag nach Belieben zusätzlich mit etwas Speisefarbe orange einfärben.

Tipp

Eiskonfektschnitten

Zubereitungszeit: 50 Minuten, ohne Abkühlzeit I Backzeit: etwa 12 Minuten
Pro Stück: E: 5 g, F: 21 g, Kh: 38 g, kJ: 1541, kcal: 368 I 12 Stücke

Zum Vorbereiten für die Füllung:
400 g Schlagsahne
200 g Eiskonfekt-Schokolade

Für den Biskuitteig:
50 g Butter
4 Eier (Größe M)
200 g Zucker
1 Pck. Dr. Oetker Vanillin-Zucker
1 Pck. Dr. Oetker Finesse Orangen-schalen-Aroma
150 g Weizenmehl
1 gestr. TL Dr. Oetker Backin

Außerdem:
2 Pck. Dr. Oetker Sahnesteif
Kakaopulver

1 Für die Füllung am Vortag Sahne in einem Topf zum Kochen bringen. Topf von der Kochstelle nehmen und Eiskonfekt (6 Stück zum Garnieren beiseitelegen) unter Rühren darin schmelzen lassen. Eiskonfekt-Sahne in eine Rührschüssel geben und zugedeckt über Nacht kalt stellen.

2 Für den Teig Butter in einem kleinen Topf zerlassen und abkühlen lassen. Ein Backblech (30 x 40 cm) fetten, mit Backpapier belegen und einen Backrahmen in Backblechgröße daraufstellen. Den Backofen vorheizen.
Ober-/Unterhitze: etwa 200 °C
Heißluft: etwa 180 °C

3 Eier mit Handrührgerät mit Rührbesen auf höchster Stufe in 1 Minute schaumig schlagen. Zucker mit Vanillin-Zucker und Aroma mischen, in 1 Minute unter Rühren einstreuen, dann noch etwa 2 Minuten weiterschlagen.

4 Mehl mit Backpulver mischen und kurz auf niedrigster Stufe unterrühren. Zuletzt die flüssige Butter kurz unterrühren. Den Teig in den Backrahmen füllen, glatt streichen und das Backblech in den vorgeheizten Backofen schieben. Den Boden **etwa 12 Minuten** backen.

5 Backrahmen lösen und entfernen und den Boden auf einen mit Backpapier belegten Kuchenrost stürzen. Mitgebackenes Backpapier vorsichtig abziehen und Gebäck erkalten lassen. Anschließend die Biskuitplatte senkrecht halbieren, so dass 2 Rechtecke (etwa 30 x 20 cm) entstehen, und jede Hälfte in 12 Stücke schneiden.

6 Eiskonfekt-Sahne mit Sahnesteif steif schlagen und portionsweise in einen Spritzbeutel mit Lochtülle (Ø etwa 7 mm) geben. Auf 12 Biskuitstücke je 2 Sahnetupfen setzen und die restliche Eiskonfekt-Sahne in dichten Tupfen gleichmäßig auf die 12 anderen Stücke spritzen.

7 Die Biskuitstücke mit dem einzelnen Sahnetupfen auflegen und leicht andrücken. Die Schnitten mit Kakaopulver bestäuben und mit je einem halben Eiskonfekt garnieren.

Blubber-Kuchen

Zubereitungszeit: 40 Minuten, ohne Kühlzeit I Backzeit: etwa 20 Minuten
Pro Stück: E: 6 g, F: 19 g, Kh: 34 g, kJ: 1415, kcal: 338 I etwa 20 Stücke

Für den Schüttelteig:

300 g Weizenmehl

3 gestr. TL Dr. Oetker Backpulver

200 g Zucker

1 Pck. Dr. Oetker Vanillin-Zucker

1 Pck. Dr. Oetker Finesse Geriebene Zitronenschale

4 Eier (Größe M)

150 ml Speiseöl

150 ml Mineralwasser

Für den Belag:

300 g Himbeeren

8 Blatt weiße Gelatine

1 kg Dickmilch

Saft von 1 Zitrone

75 g Zucker

1 Pck. Dr. Oetker Vanillin-Zucker

500 g Schlagsahne

Für den Guss:

2 Pck. Tortenguss, rot

500 ml (½ l) Flüssigkeit, z. B. Himbeersaft, Apfelsaft oder Wasser

30 g Zucker

1 Eine Fettpfanne (30 x 40 cm) fetten und mehlen. Den Backofen vorheizen.
Ober-/Unterhitze: etwa 180 °C
Heißluft: etwa 160 °C

2 Für den Teig Mehl mit Backpulver, Zucker, Vanillin-Zucker und Zitronenschale in einer verschließbaren Schüssel (3 l) mischen. Eier, Öl und Mineralwasser hinzufügen und die Schüssel mit dem Deckel fest verschließen. Mehrmals kräftig schütteln, so dass alle Zutaten gut vermischt sind.

3 Alles mit einem Schneebesen oder Rührlöffel nochmals sorgfältig durchrühren, damit trockene Zutaten vom Rand mit untergerührt werden. Den Teig in die Fettpfanne geben und glatt streichen. Die Fettpfanne in den vorgeheizten Backofen schieben und **etwa 20 Minuten** backen.

4 Das Gebäck in der Fettpfanne auf einem Kuchenrost erkalten lassen.

5 Für den Belag Himbeeren verlesen und auf dem Gebäck verteilen. Gelatine nach Packungsanleitung einweichen. Dickmilch, Zitronensaft, Zucker und Vanillin-Zucker in einer Schüssel verrühren. Gelatine ausdrücken, auflösen, zunächst mit etwas Dickmilchmasse verrühren, dann unter die restliche Dickmilchmasse rühren. Sobald die Masse beginnt zu gelieren, Sahne steif schlagen und unterheben, Creme auf den Himbeeren verstreichen und 30 Minuten kalt stellen.

6 Für den Guss Tortenguss, Flüssigkeit und Zucker nach Packungsanleitung zubereiten, sofort heiß auf der Dickmilchcreme verteilen, so dass die Creme etwas angelöst wird, dabei evtl. den Guss mit einem Löffel leicht eindrücken. Den Kuchen noch etwa 1 Stunde kalt stellen.

Aprikosen-Götterspeise-Kuchen

Zubereitungszeit: 45 Minuten, ohne Kühlzeit I Backzeit: etwa 35 Minuten

Pro Stück: E: 5 g, F: 18 g, Kh: 37 g, kJ: 1411, kcal: 337 I etwa 20 Stücke

Zum Vorbereiten:

1 Dose Aprikosenhälften
(Abtropfgewicht 480 g)

Für den All-in-Teig:

250 g Weizenmehl

3 gestr. TL Dr. Oetker Backin

250 g Zucker

1 Pck. Dr. Oetker Vanillin-Zucker

1 Prise Salz

4 Eier (Größe M)

250 g weiche Butter oder Margarine

4 EL Aprikosensaft (aus der Dose)

Für den Belag:

1 Beutel aus 1 Pck. Götterspeise
Zitronen-Geschmack

1 Beutel aus 1 Pck. Götterspeise
Waldmeister-Geschmack

900 ml Wasser

200 g Zucker

400 g Schlagsahne

1 Zum Vorbereiten Aprikosenhälften auf einem Sieb abtropfen lassen, den Saft dabei auffangen und 4 Esslöffel davon abmessen. Aprikosenhälften klein schneiden. Ein Backblech (30 x 40 cm) fetten. Den Backofen vorheizen.
Ober-/Unterhitze: etwa 180 °C
Heißluft: etwa 160 °C

2 Für den Teig Mehl mit Backpulver in einer Rührschüssel mischen. Zucker, Vanillin-Zucker, Salz, Eier, Butter oder Margarine und Aprikosensaft hinzufügen und die Zutaten mit Handrührgerät mit Rührbesen zunächst kurz auf niedrigster, dann auf höchster Stufe in etwa 2 Minuten zu einem glatten Teig verarbeiten. Aprikosenwürfel unterheben.

3 Den Teig auf das Backblech geben und glatt streichen. Das Backblech auf der mittleren Einschubleiste in den vorgeheizten Backofen schieben. Den Boden **etwa 35 Minuten** backen.

4 Das Backblech auf einen Kuchenrost stellen und den Gebäckboden erkalten lassen.

5 Für den Belag Götterspeise getrennt nach Packungsanleitung, aber nur mit jeweils 450 ml Wasser und 100 g Zucker zubereiten. Sahne steif schlagen und halbieren. Wenn die Götterspeisenflüssigkeit anfängt dicklich zu werden, eine Sahnehälfte unter die gelbe, die restliche Sahne unter die grüne Götterspeise vorsichtig rühren.

6 Die gelbe und grüne Creme auf dem Gebäckboden verteilen und den Kuchen mindestens 1 Stunde kalt stellen.

Je nach Geschmack können Sie auch Götterspeise Himbeer-Geschmack verwenden.

Tipp

Spaghetti-Kuchen

Zubereitungszeit: 60 Minuten, ohne Abkühl- und Kühlzeit | Backzeit: 10–12 Minuten

Pro Stück: E: 7 g, F: 21 g, Kh: 24 g, kJ: 1362, kcal: 325 | etwa 20 Stücke

Für den Biskuitteig:

4 Eier (Größe M)

3–4 EL heißes Wasser

125 g Zucker

1 Pck. Dr. Oetker Vanillin-Zucker

125 g Weizenmehl

25 g Speisestärke

1 gestr. TL Dr. Oetker Backin

Für den Belag:

1 Pck. Käse-Sahne-Tortencreme (Cremepulver)

200 ml Wasser

500 g Schlagsahne

500 g Speisequark

Für die „Spaghetti":

600 g Schlagsahne

100 g Instant-Getränkepulver Multivitamin-Geschmack

1 Pck. Käse-Sahne-Tortencreme (Cremepulver)

200 ml Wasser

Für das Erdbeerpüree:

500 g Erdbeeren

2 Pck. (je 20 g) Dekorzucker aus der Käse-Sahne-Tortencreme-Packung

Tipp

Ohne Erdbeerpüree ist der Kuchen gefriergeeignet. Statt der Erdbeeren schmecken auch Himbeeren sehr gut.

1 Ein Backblech (30 x 40 cm) fetten und mehlen. Den Backofen vorheizen.
Ober-/Unterhitze: etwa 200 °C
Heißluft: etwa 180 °C

2 Für den Teig Eier und Wasser mit Handrührgerät mit Rührbesen auf höchster Stufe in 1 Minute schaumig schlagen. Zucker mit Vanillin-Zucker mischen, in 1 Minute einstreuen, dann noch etwa 2 Minuten weiterschlagen. Mehl mit Speisestärke und Backpulver mischen, die Hälfte davon auf die Eiercreme geben und auf niedrigster Stufe kurz unterrühren. Restliches Mehlgemisch auf gleiche Weise unterarbeiten.

3 Den Teig auf dem Backblech verteilen und glatt streichen. Backblech in den vorgeheizten Backofen schieben und den Boden **10–12 Minuten** backen.

4 Das Backblech auf einen Kuchenrost stellen und den Boden darauf erkalten lassen.

5 Für den Belag das Cremepulver nach Packungsanleitung, aber mit den hier angegebenen Zutaten zubereiten. Einen Backrahmen um die Biskuitplatte stellen. Die Tortencreme auf dem Boden verteilen, glatt streichen und im Kühlschrank fest werden lassen.

6 Für die „Spaghetti" die Sahne steif schlagen. Das Getränkepulver mit dem Cremepulver verrühren. Wasser hinzufügen und mit einem Schneebesen ½ Minute verrühren. Dann die geschlagene Sahne unterheben.

7 Die Sahnemasse in eine Kartoffel- oder Spätzlepresse geben und wie Spaghettinester auf die Käsemasse drücken.

8 Für das Erdbeerpüree die Erdbeeren abspülen, trocken tupfen und entstielen. Erdbeeren mit dem Dekorzucker pürieren. Kurz vor dem Servieren das Erdbeerpüree mit einem Esslöffel auf den „Spaghetti" verteilen. Das restliche Erdbeerpüree dazu servieren.

Bananen-Keks-Kuchen

Zubereitungszeit: 45 Minuten, ohne Kühlzeit | Backzeit: etwa 20 Minuten
Pro Stück: E: 7 g, F: 13 g, Kh: 44 g, kJ: 1335, kcal: 318 | etwa 20 Stücke

Für den Schüttelteig:

250 g Weizenmehl

3 gestr. TL Dr. Oetker Backin

200 g Zucker

1 Pck. Dr. Oetker Vanillin-Zucker

3 Eier (Größe M)

250 ml (¼ l) Bananenmilch
(Mixgetränk aus dem Kühlregal)

Für die Füllung:

400 g Sauerkirschen

2 Pck. Dr. Oetker Pudding-Pulver
Vanille-Geschmack

750 ml (¾ l) Bananenmilch

2 Eigelb (Größe M)

2 Eiweiß (Größe M)

3 Bananen

2 EL Zitronensaft

Für den Belag:

400 g Schlagsahne

2 Pck. Dr. Oetker Vanillin-Zucker

2 Pck. Dr. Oetker Sahnesteif

Zum Garnieren:

2 Pck. Butterkeks mit
Zartbitter-Schokolade

Schaumzuckerbananen

1 Ein Backblech (30 x 40 cm) fetten und einen Backrahmen in Backblechgröße daraufstellen. Den Backofen vorheizen.
Ober-/Unterhitze: etwa 200 °C
Heißluft: etwa 180 °C

2 Für den Teig Mehl mit Backpulver, Zucker und Vanillin-Zucker in einer verschließbaren Schüssel (etwa 3 l) mischen. Eier und Bananenmilch hinzufügen und die Schüssel mit dem Deckel fest verschließen. Schüssel mehrmals kräftig schütteln (insgesamt 15–30 Sekunden), so dass alle Zutaten gut vermischt sind.

3 Alles mit einem Schneebesen oder Rührlöffel nochmals sorgfältig durchrühren, damit trockene Zutaten vom Rand mit untergerührt werden. Den Teig in den Backrahmen füllen und glatt streichen. Das Backblech in den vorgeheizten Backofen schieben und **etwa 20 Minuten** backen.

4 Das Gebäck mit dem Backrahmen auf dem Backblech auf einem Kuchenrost erkalten lassen.

5 Für die Füllung Kirschen waschen, entstielen und entsteinen. Pudding-Pulver mit etwas Bananenmilch und dem Eigelb anrühren. Restliche Milch zum Kochen bringen, angerührtes Pudding-Pulver einrühren, unter Rühren gut aufkochen lassen und den Topf von der Kochstelle nehmen. Eiweiß steif schlagen, sofort unter den heißen Pudding rühren und den Pudding etwas abkühlen lassen.

6 Bananen in Scheiben schneiden, mit Zitronensaft beträufeln und mit den vorbereiteten Kirschen auf dem Gebäckboden verteilen. Den Pudding darauf verteilen, verstreichen und erkalten lassen.

7 Für den Belag Sahne mit Vanillin-Zucker und Sahnesteif steif schlagen und auf dem Pudding glatt streichen. Zum Garnieren die Oberfläche so mit den Keksen belegen, dass mit der Sahne ein diagonales Schachbrettmuster entsteht. Kurz vor dem Servieren den Kuchen mit Schaumzuckerbananen garnieren.

Kuh-Kuchen

Zubereitungszeit: 25 Minuten I Backzeit: etwa 20 Minuten

Pro Stück: E: 6 g, F: 24 g, Kh: 53 g, kJ: 1923, kcal: 457 I etwa 10 Stücke

Für den Rührteig:

200 g weiche Butter oder Margarine

175 g Zucker

1 Pck. Dr. Oetker Vanillin-Zucker

1 Prise Salz

3 Eier (Größe M)

250 g Weizenmehl

2 gestr. TL Dr. Oetker Backin

1–2 EL Milch

10 g Kakaopulver

1–2 EL Milch

Für die Cremefüllung:

3 Blatt weiße Gelatine

1 Pck. Dr. Oetker Pudding-Pulver Vanille-Geschmack

250 ml (¼ l) Milch

250 g Schlagsahne

200 g Sahne Muh-Muhs (Sahne-Toffee)

1 Ein Backblech (30 x 40 cm) fetten und mit Backpapier belegen. Den Backofen vorheizen.
Ober-/Unterhitze: etwa 180 °C
Heißluft: etwa 160 °C

2 Für den Teig Butter oder Margarine mit Handrührgerät mit Rührbesen auf höchster Stufe geschmeidig rühren. Zucker mit Vanillin-Zucker und Salz mischen, nach und nach hinzufügen und so lange rühren, bis eine gebundene Masse entstanden ist.

3 Jedes Ei etwa ½ Minute unterrühren. Mehl mit Backpulver mischen und abwechselnd portionsweise mit der Milch auf mittlerer Stufe unterrühren (nur so viel Milch verwenden, dass der Teig schwer reißend von einem Löffel fällt).

4 Zwei Drittel des Teiges auf das Backblech streichen. Unter den restlichen Teig Kakaopulver und Milch rühren, so dass er wieder schwer reißend vom Löffel fällt. Den dunklen Teig kuhfleckenartig auf dem hellen Teig verteilen. Das Backblech in den vorgeheizten Backofen schieben und **etwa 20 Minuten** backen.

5 Die Gebäckplatte auf dem Backblech auf einem Kuchenrost erkalten lassen.

6 Für die Cremefüllung Gelatine nach Packungsanleitung einweichen. Pudding-Pulver mit 4 Esslöffeln von der Milch anrühren. Die restliche Milch mit Sahne zum Kochen bringen. Die Sahne Muh-Muhs grob hacken, unter Rühren in die heiße Milch-Sahne-Mischung geben und so lange rühren, bis sich die Bonbons vollständig aufgelöst haben.

7 Das angerührte Pudding-Pulver in die heiße Milch-Bonbon-Masse rühren und unter Rühren etwa 1 Minute aufkochen lassen. Topf von der Kochstelle nehmen. Gelatine leicht ausdrücken und unter Rühren im noch heißen Pudding auflösen.

8 Die Gebäckplatte senkrecht halbieren. Eine Hälfte davon mit der glatten Seite nach unten auf eine Kuchenplatte legen und einen Backrahmen darumstellen. Den heißen Pudding einfüllen und verstreichen. Die zweite Gebäckhälfte mit der glatten Seite nach oben darauf legen und leicht andrücken. Gebäck erkalten lassen, dann Backrahmen entfernen und den Kuchen in beliebig große Stücke schneiden.

Feuerwehrkuchen

Zubereitungszeit: 30 Minuten, ohne Abkühlzeit I Backzeit: etwa 50 Minuten

Pro Stück: E: 6 g, F: 31 g, Kh: 51 g, kJ: 2125, kcal: 507 I etwa 20 Stücke

Zum Vorbereiten:

2 Gläser Sauerkirschen
(Abtropfgewicht je 350 g)

Für den Knetteig:

400 g Weizenmehl

1 gestr. TL Dr. Oetker Backin

120 g Zucker

1 Prise Salz

2 Eier (Größe M)

175 g weiche Butter oder Margarine

Für den Belag:

2 Pck. Dr. Oetker Pudding-Pulver
Vanille-Geschmack

4 EL Zucker

500 ml (½ l) Milch

Für die Streusel:

150 g Weizenmehl

150 g Zucker

1 Pck. Dr. Oetker Vanillin-Zucker

150 g gemahlene Haselnusskerne

200 g weiche Butter

Zum Verzieren und Bestreuen:

500 g Schlagsahne

2 Pck. Dr. Oetker Sahnesteif

geschabte Vollmilch- oder Zartbitter-Schokolade

1 Zum Vorbereiten Sauerkirschen auf einem Sieb gut abtropfen lassen. Ein Backblech (30 x 40 cm) fetten.

2 Für den Teig Mehl mit Backpulver in einer Rührschüssel mischen. Zucker, Salz, Eier und Butter oder Margarine hinzufügen und die Zutaten mit Handrührgerät mit Rührbesen zunächst kurz auf niedrigster, dann auf höchster Stufe gut durcharbeiten.

3 Anschließend auf der bemehlten Arbeitsfläche zu einem glatten Teig verkneten. Sollte er kleben, ihn in Folie gewickelt eine Zeit lang kalt stellen. Den Teig auf dem Backblech ausrollen und den Teigboden mehrmals mit einer Gabel einstechen.

4 Für den Belag aus 2 Päckchen Pudding-Pulver, Zucker und Milch nach Packungsanleitung – aber nur mit 500 ml (½ l) Milch – einen Pudding zubereiten. Sauerkirschen unter den Pudding heben. Die Masse auf dem Teig verteilen. Den Backofen vorheizen.
Ober-/Unterhitze: etwa 180 °C
Heißluft: etwa 160 °C

5 Für die Streusel Mehl in eine Rührschüssel sieben, mit Zucker, Vanillin-Zucker und Haselnusskernen mischen und Butter hinzufügen. Die Zutaten mit Handrührgerät mit Rührbesen zu Streuseln von gewünschter Größe verarbeiten. Teigstreusel gleichmäßig auf der Kirsch-Pudding-Masse verteilen. Das Backblech auf der mittleren Einschubleiste in den vorgeheizten Backofen schieben. Den Kuchen **etwa 50 Minuten** backen.

6 Das Backblech auf einen Kuchenrost stellen. Den Kuchen erkalten lassen und in Stücke schneiden.

7 Zum Verzieren und Bestreuen Sahne mit Sahnesteif steif schlagen. Die Sahne mit einem Esslöffel auf die Kuchenstücke „klecksen" und mit Schokolade bestreuen.

Spanischer Gemüsekuchen

Zubereitungszeit: 70 Minuten I Backzeit: etwa 25 Minuten
Pro Stück: E: 7 g, F: 8 g, Kh: 34 g, kJ: 1054, kcal: 252 I etwa 10 Stücke

Für den Teig:

400 g Weizenmehl
½ Pck. (21 g) frische Hefe
knapp 1 EL Zucker
6 EL lauwarmes Wasser
3 EL Sonnenblumenöl
2 Eier (Größe M)
Salz
Paprikapulver edelsüß

Für den Belag:

2 große rote Paprikaschoten
500 g Mangold
Olivenöl
1 Gemüsezwiebel
Salz

1 Für den Teig Mehl in eine Schüssel geben, in die Mitte eine Vertiefung eindrücken. Hefe zerbröckeln, mit Zucker und etwas Wasser verrühren und in die Vertiefung gießen. Mit einem Löffelstiel etwas von dem darunterliegenden Mehl darin verrühren, mit ein wenig Mehl bedecken. Dann mit einem Tuch bedeckt an einem warmen Ort 10 Minuten gehen lassen.

2 Restliche Teigzutaten hinzufügen und mit Handrührgerät mit Knethaken in 5 Minuten zu einem Teig verarbeiten. Den Teig nochmals an einem warmen Ort so lange gehen lassen, bis er sich sichtbar vergrößert hat. Ein Backblech (30 x 40 cm) fetten.

3 Für den Belag Paprikaschoten halbieren, entstielen, entkernen und die weißen Scheidewände entfernen. Schotenhälften unter dem heißen Grill rösten, bis die Haut schwarz wird. Mit einem feuchten Tuch abdecken und etwas abkühlen lassen. Danach die Haut entfernen. Schoten in Streifen schneiden.

4 Mangold putzen, welke Blätter entfernen, Mangold abspülen und abtropfen lassen. Mangold in Streifen schneiden.

5 Öl erhitzen und Mangoldstreifen darin 10 Minuten garen, gelegentlich umrühren.

6 Zwiebel abziehen, nicht zu fein würfeln und zu dem Mangold geben, kurz andünsten. Den Backofen vorheizen.
Ober-/Unterhitze: etwa 200 °C, Heißluft: etwa 180 °C

7 Den Teig aus der Schüssel nehmen, auf der Arbeitsfläche kurz durchkneten und auf dem Backblech ausrollen. Das Gemüse auf den Teig geben. Salz und etwas Öl darübergeben. Das Backblech in den vorgeheizten Backofen schieben. Den Gemüsekuchen **etwa 25 Minuten** backen.

Statt Mangold können Sie auch Spinat verwenden.

Tipp

Bunter Paprikakuchen

Zubereitungszeit: 40 Minuten I Backzeit: etwa 40 Minuten
Pro Stück: E: 10 g, F: 20 g, Kh: 37 g, kJ: 1604, kcal: 383 I etwa 10 Stücke

Für den Belag:

200 g Zwiebeln
2 Knoblauchzehen
1,5 kg Paprikaschoten (rot, grün, gelb)
3 EL Olivenöl
2 TL gerebelter Thymian
Salz
frisch gemahlener Pfeffer
Paprikapulver rosenscharf

Für den Hefeteig:

375 g Weizenmehl
1 Pck. Dr. Oetker Hefeteig Garant
1 TL flüssiger Honig
1 gestr. TL Salz
4 EL Speiseöl, z. B. Olivenöl, Rapsöl
200 ml Wasser

Für den Guss:

250 g Schlagsahne
4 Eier (Größe M)
50 g Kürbiskerne

1 Für den Belag Zwiebeln abziehen, halbieren und in Scheiben schneiden. Knoblauch abziehen und fein hacken. Paprika putzen, vierteln, entkernen und die weißen Scheidewände entfernen. Viertel abspülen, abtropfen lassen und quer in etwa 1 cm breite Streifen schneiden.

2 Olivenöl in einem großen, breiten Topf erhitzen und Zwiebeln und Knoblauch darin unter Rühren etwa 5 Minuten dünsten. Paprika und Thymian dazugeben, im geschlossenen Topf 5–8 Minuten dünsten und mit Salz, Pfeffer und Paprikapulver würzen. Die Mischung etwa 20 Minuten abkühlen lassen.

3 Für den Teig inzwischen Mehl mit Hefeteig Garant, Honig, Salz, Speiseöl und Wasser in eine Rührschüssel geben. Die Zutaten mit Handrührgerät mit Knethaken zunächst auf niedrigster, dann auf höchster Stufe in 2 Minuten zu einem glatten Teig verarbeiten.

4 Ein Backblech (30 x 40 cm) fetten. Den Backofen vorheizen.
Ober-/Unterhitze: etwa 200 °C, Heißluft: etwa 180 °C

5 Den Teig und die Arbeitsfläche mit Mehl bestäuben. Den Teig auf der Arbeitsfläche kurz zu einer Rolle verkneten, auf dem Backblech ausrollen und an den Seiten etwas hochdrücken.

6 Für den Guss Sahne mit Eiern verquirlen, unter die Gemüsemasse rühren und die Mischung nochmals mit Salz, Pfeffer und Paprikapulver abschmecken. Den Belag auf dem Teig verteilen und verstreichen.

7 Die Kürbiskerne auf den Belag streuen. Das Backblech auf mittlerer Einschubleiste in den vorgeheizten Backofen schieben und den Kuchen **etwa 40 Minuten** backen. Den Paprikakuchen heiß oder kalt servieren.

Zwiebelkuchen

Zubereitungszeit: 45 Minuten, ohne Teiggehzeit I Backzeit: etwa 40 Minuten

Pro Stück: E: 22 g, F: 32 g, Kh: 49 g, kJ: 2404, kcal: 575 I etwa 8 Stücke

Für den Hefeteig:

250 ml (¼ l) Milch

400 g Weizenmehl (Type 550)

1 Pck. Dr. Oetker Trockenbackhefe

1 TL Zucker

2 TL Salz

4 EL Speiseöl, z. B. Olivenöl

Für den Belag:

1,5 kg Gemüsezwiebeln

3 EL Speiseöl, z. B. Olivenöl

Salz

frisch gemahlener Pfeffer

1 TL Kümmelsamen

150 g durchwachsener Speck oder Frühstücksspeck (Bacon)

200 g geriebener Emmentaler

3 Eier (Größe M)

1 Becher (150 g) Crème fraîche

1 Für den Hefeteig Milch lauwarm erwärmen. Mehl mit Hefe in einer Rührschüssel sorgfältig vermischen. Zucker, Salz, Öl und lauwarme Milch hinzufügen.

2 Die Zutaten mit Handrührgerät mit Knethaken zunächst auf niedrigster, dann auf höchster Stufe in etwa 5 Minuten zu einem glatten Teig verarbeiten. Den Teig mit Mehl bestäuben und so lange an einem warmen Ort gehen lassen, bis er sich sichtbar vergrößert hat (etwa 20 Minuten).

3 Für den Belag Gemüsezwiebeln abziehen, halbieren und in Scheiben schneiden. Öl in einer großen Pfanne oder einem Topf erhitzen. Die Zwiebeln darin 10 Minuten dünsten, mit Salz und Pfeffer würzen. Kümmel unterrühren. Die Masse etwa 20 Minuten abkühlen lassen.

4 Speck in kleine Würfel schneiden. Speckwürfel, Käse, Eier und Crème fraîche unter die Zwiebelmasse rühren, mit Salz und Pfeffer würzen.

5 Ein Backblech (30 x 40 cm) einfetten. Den Backofen vorheizen. Ober-/Unterhitze: etwa 200 °C, Heißluft: etwa 180 °C

6 Den Teig auf der leicht bemehlten Arbeitsfläche kurz durchkneten. Teig auf dem Backblech ausrollen, an den Seiten hochdrücken. Den Zwiebelbelag auf den Teig geben und verstreichen.

7 Den Teig nochmals so lange an einem warmen Ort gehen lassen, bis er sich sichtbar vergrößert hat (etwa 15 Minuten).

8 Das Backblech im unteren Drittel in den vorgeheizten Backofen schieben. Den Zwiebelkuchen **etwa 40 Minuten** backen.

9 Den Zwiebelkuchen heiß oder kalt servieren.

Gemüseecken mit Käsesauce

Zubereitungszeit: 50 Minuten, ohne Teiggehzeit I Backzeit: etwa 30 Minuten
Pro Stück: E: 4 g, F: 8 g, Kh: 10 g, kJ: 543, kcal: 130 I etwa 24 Stücke

Für den Hefeteig:

250 g Weizenmehl
½ Pck. (21 g) frische Hefe
1 TL Zucker
3 EL lauwarmes Wasser
1 gestr. TL Salz
frisch gemahlener Pfeffer
4 EL Speiseöl, z. B. Olivenöl
5 EL lauwarmes Wasser

Zum Bestäuben:

etwas Weizenmehl

Für die Käsesauce:

3 Eier (Größe M)
knapp 1 gestr. TL Salz
frisch gemahlener Pfeffer
2 Knoblauchzehen
1 Bund glatte Petersilie
100 g frisch geriebener
Emmentaler-Käse
1 Becher (150 g) Crème fraîche
125 g Schlagsahne

Für den Belag:

1 Stange Porree (Lauch)
1 rote Paprikaschote
1 Dose Gemüsemais
(Abtropfgewicht 285 g)

1 Für den Hefeteig Mehl in eine Schüssel geben, in die Mitte eine Vertiefung drücken. Hefe hineinbröckeln. Zucker und Wasser hinzufügen, mit einem kleinen Teil des Mehls mit einer Gabel vorsichtig verrühren und etwa 10 Minuten an einem warmen Ort gehen lassen.

2 Salz, Pfeffer, Olivenöl und Wasser hinzufügen. Die Zutaten mit Handrührgerät mit Knethaken zunächst kurz auf niedrigster, dann auf höchster Stufe in etwa 5 Minuten zu einem glatten Teig verarbeiten. Den Teig mit Mehl bestäuben und zugedeckt so lange an einem warmen Ort gehen lassen, bis er sich sichtbar vergrößert hat (etwa 25 Minuten). Ein Backblech (30 x 40 cm) fetten.

3 Den gegangenen Teig leicht mit Mehl bestäuben, aus der Schüssel nehmen, auf der bemehlten Arbeitsfläche nochmals gut durchkneten und auf dem Backblech ausrollen. Vor den Teig einen mehrfach geknickten Streifen Alufolie legen. Den Backofen vorheizen.
Ober-/Unterhitze: etwa 200 °C, Heißluft: etwa 180 °C

4 Für die Käsesauce Eier verschlagen, mit Salz und Pfeffer würzen. Knoblauch abziehen und durch eine Knoblauchpresse drücken. Petersilie abspülen und trocken tupfen. Die Blättchen von den Stängeln zupfen. Einige Blättchen zum Garnieren beiseitelegen. Restliche Blättchen klein schneiden. Knoblauch, Käse, Crème fraîche, Sahne und Petersilie unter die verschlagenen Eier rühren.

5 Für den Belag Porree putzen, die Stange längs halbieren, waschen, abtropfen lassen und in dünne Scheiben schneiden. Paprikaschote halbieren, entstielen, entkernen und die weißen Scheidewände entfernen. Die Schote waschen, abtropfen lassen und in Streifen schneiden.

6 Mais auf einem Sieb abtropfen lassen. Porreescheiben mit Paprikastreifen und Mais vermischen und auf dem Teig verteilen. Die Käsesauce daraufgeben. Das Backblech in den vorgeheizten Backofen schieben und **etwa 30 Minuten** backen.

7 Das Backblech auf einen Rost stellen. Den Gemüsekuchen zweimal längs und dreimal quer halbieren. Die einzelnen Stücke nochmals diagonal halbieren, so dass Dreiecke entstehen. Gemüseecken warm oder kalt mit den beiseite gelegten Petersilienblättchen garniert servieren.

Salami-Pfirsich-Pizza

Zubereitungszeit: 50 Minuten, ohne Teiggehzeit I Backzeit: etwa 20 Minuten je Blech

Pro Stück: E: 17 g, F: 16 g, Kh: 59 g, kJ: 1878, kcal: 448 I etwa 8 Stücke

Für den Hefeteig:

600 g Weizenmehl

1 Pck. (42 g) frische Hefe

½ TL Zucker

300 ml lauwarmes Wasser

2 gestr. TL Salz

4 EL Olivenöl

Für den Belag:

1 Dose Pfirsichhälften
(Abtropfgewicht 470 g)

250 g Mozzarella

1 Dose passierte Tomaten (400 g)

Salz

frisch gemahlener Pfeffer

2 TL gerebelter Oregano

120 g italienische Salami in
hauchdünnen Scheiben

1 Bund Basilikum

1 Für den Teig Mehl in eine Rührschüssel geben und in die Mitte eine Vertiefung drücken. Hefe hineinbröckeln, mit Zucker mischen, mit etwas von dem Wasser anrühren und etwa 10 Minuten stehen lassen.

2 Restliches Wasser, Salz und Öl hinzufügen und alles mit Handrührgerät mit Knethaken in etwa 5 Minuten zu einem glatten Teig verkneten. Den Teig zugedeckt an einem warmen Ort gehen lassen, bis er sich sichtbar vergrößert hat.

3 In der Zwischenzeit für den Belag Pfirsiche auf einem Sieb gut abtropfen lassen und die Hälften in Spalten schneiden. Mozzarella ebenfalls abtropfen lassen und in Scheiben schneiden. Zwei Backbleche (je 30 x 40 cm) fetten. Den Backofen vorheizen.
Ober-/Unterhitze: etwa 200 °C, Heißluft: etwa 180 °C

4 Den Teig auf der leicht bemehlten Arbeitsfläche nochmals durchkneten und halbieren. Jede Teighälfte auf einem Backblech ausrollen, mit den passierten Tomaten bestreichen und mit Salz, Pfeffer und Oregano bestreuen.

5 Salamischeiben, Pfirsichspalten und Mozzarellascheiben darauf verteilen. Die Backbleche nacheinander (bei Heißluft zusammen) in den vorgeheizten Backofen schieben. Die Pizzen **etwa 20 Minuten** backen.

6 In der Zwischenzeit Basilikum abspülen, trocken tupfen und die Blättchen von den Stängeln zupfen. Die Basilikumblättchen vor dem Servieren auf den Pizzen verteilen.

Tipp

Die Pizza gelingt am besten bei Ober- und Unterhitze. Die Backbleche nacheinander im unteren Drittel in den Backofen einschieben. Die Pizzen vor dem Backen nach Belieben zusätzlich mit geriebenem Gouda-Käse bestreuen.

Vollkornpizza mit getrockneten Tomaten

Zubereitungszeit: 50 Minuten, ohne Teiggehzeit I Backzeit: etwa 20 Minuten je Backblech
Pro Stück: E: 22 g, F: 35 g, Kh: 60 g, kJ: 2712, kcal: 648 I etwa 8 Stücke

Für den Hefeteig:

750 g Weizenvollkornmehl

2 Pck. (je 42 g) frische Hefe

½ TL Zucker

400 ml lauwarmes Wasser

1 TL Salz

100 ml Olivenöl

Für den Belag:

4 kleine Zwiebeln

400 g Schafkäse

400 g getrocknete Tomaten in Öl

6 EL Öl von den Tomaten

2 Pck. (je 370 g) Tomatenstückchen
mit Kräuter-Knoblauch

125 g Rucola (Rauke)

frische gemahlener Pfeffer

1 Für den Teig Mehl in eine Rührschüssel geben und in die Mitte eine Vertiefung eindrücken. Hefe hineinbröckeln, mit dem Zucker mischen, mit etwas von dem Wasser anrühren und etwa 10 Minuten stehen lassen.

2 Restliches Wasser, Salz und Öl hinzufügen und alles mit Handrührgerät mit Knethaken zunächst kurz auf niedrigster, dann auf höchster Stufe in etwa 5 Minuten zu einem Teig verkneten. Den Teig zugedeckt so lange an einem warmen Ort gehen lassen, bis er sich sichtbar vergrößert hat.

3 In der Zwischenzeit für den Belag Zwiebeln abziehen, in dünne Scheiben schneiden und in Ringe teilen. Schafkäse würfeln oder zerbröckeln. Getrocknete Tomaten abtropfen lassen, dabei das Öl auffangen und 6 Esslöffel davon abmessen. Tomaten evtl. etwas kleiner schneiden.

4 Zwei Backbleche (je 30 x 40 cm) fetten. Den Backofen vorheizen. Ober-/Unterhitze: etwa 220 °C, Heißluft: etwa 200 °C

5 Den Teig auf der leicht bemehlten Arbeitsfläche nochmals durchkneten und halbieren. Jede Teighälfte auf einem Backblech ausrollen und den Inhalt von je einem Päckchen Tomatenstückchen darauf verteilen.

6 Die Pizzen mit getrockneten Tomaten, Schafkäse und Zwiebelringen belegen. Das Tomatenöl darüber träufeln. Die Backbleche nacheinander (bei Heißluft zusammen) in den vorgeheizten Backofen schieben. Die Pizzen **etwa 20 Minuten** backen.

7 In der Zwischenzeit Rucola putzen, waschen und trocken schleudern. Die Pizzen nach dem Backen mit Pfeffer bestreuen, Rucola darauf verteilen und sofort servieren.

Tipp

Die Pizzen gelingen am besten bei Ober-/Unterhitze. Die Backbleche nacheinander im unteren Drittel in den vorgeheizten Backofen schieben.

Pizza „Pasta"

Zubereitungszeit: 65 Minuten, ohne Teiggeh- und Auftauzeit | Backzeit: etwa 45 Minuten je Backblech

Pro Stück: E: 33 g, F: 36 g, Kh: 120 g, kJ: 3939, kcal: 940 | etwa 8 Stücke

Für die Sauce:

4 Zwiebeln

8 EL Olivenöl

2 große Dosen (je 800 g) geschälte Tomaten

2 Dosen (je 400 g) stückige Tomaten

Salz, Pfeffer

Zucker

2 EL Rotweinessig

gerebelter Oregano

200 g Tomatenketchup

Für den Hefeteig:

750 g Weizenmehl

2 Pck. Dr. Oetker Trockenbackhefe

2 gestr. TL Salz

2 gestr. TL Zucker

500 ml (½ l) lauwarmes Wasser

8 EL Speiseöl

Für den Belag:

450 g TK-Blattspinat

3 l Wasser

3 TL Salz

750 g Gabelspaghetti

2 Gläser (je 50 g) Basilikum-Pesto

400 g geriebener Pizza-Käse

1 Für die Sauce Zwiebeln abziehen und würfeln. Öl in einem Topf erhitzen und Zwiebelwürfel darin andünsten. Beide Tomatensorten mit dem Saft aus den Dosen hinzufügen, dabei die geschälten Tomaten etwas zerkleinern. Mit Salz, Pfeffer, etwas Zucker, Essig und Oregano würzen und etwa 25 Minuten bei schwacher Hitze köcheln lassen. Dann Ketchup unterrühren und die Sauce abkühlen lassen.

2 Für den Teig Mehl in eine Rührschüssel geben und mit der Hefe sorgfältig vermischen. Die übrigen Zutaten hinzufügen und mit Handrührgerät mit Knethaken zunächst kurz auf niedrigster, dann auf höchster Stufe in etwa 5 Minuten zu einem glatten Teig verarbeiten. Den Teig an einem warmen Ort so lange gehen lassen, bis er sich sichtbar vergrößert hat.

3 In der Zwischenzeit für den Belag Spinat auftauen lassen. Wasser in einem großen geschlossenen Topf zum Kochen bringen. Salz und Nudeln zugeben und die Nudeln nach Packungsanleitung bissfest kochen, gelegentlich umrühren. Nudeln auf ein Sieb geben und abtropfen lassen.

4 Den aufgetauten Spinat ausdrücken, grob zerkleinern und mit dem Pesto unter die Nudeln mischen.

5 Zwei Backbleche (je 30 x 40 cm) fetten. Den Backofen vorheizen. Ober-/Unterhitze: etwa 220 °C, Heißluft: etwa 200 °C

6 Den Teig auf der leicht bemehlten Arbeitsfläche nochmals kurz durchkneten und halbieren. Jede Teighälfte auf einem Backblech ausrollen und mit insgesamt etwa der Hälfte der Tomatensauce bestreichen.

7 Die Nudel-Spinat-Mischung darauf verteilen. Die restliche Sauce zwischen die Nudeln geben. Käse darüber streuen. Die Backbleche nacheinander (bei Heißluft zusammen) in den vorgeheizten Backofen schieben und **etwa 45 Minuten** backen.

Kartoffelteigpizza mit Parmaschinken

Zubereitungszeit: 60 Minuten, ohne Teiggehzeit I Backzeit: etwa 30 Minuten je Backblech

Pro Stück: E: 26 g, F: 18 g, Kh: 57 g, kJ: 2075, kcal: 495 I etwa 8 Stücke

Für den Hefeteig:

600 g mehligkochende Kartoffeln

500 g Weizenmehl

2 TL Salz

1 Pck. (42 g) frische Hefe

½ TL Zucker

400 ml lauwarme Milch

Für den Belag:

2 Pck. (je 370 g) Tomatenstückchen mit Kräutern

100 g milde Peperoni (aus dem Glas)

400 g geriebener Edamer-Käse

200 g Parmaschinken in dünnen Scheiben

1 Für den Teig Kartoffeln gründlich waschen, in Wasser zum Kochen bringen und in 20–25 Minuten gar kochen lassen. Die Kartoffeln dann abgießen, abdämpfen, noch heiß pellen und durch eine Kartoffelpresse in eine große Rührschüssel drücken.

2 Mehl und Salz unter die Kartoffelmasse mischen und in die Mitte eine Mulde drücken. Hefe hineinbröckeln. Zucker und 2 Esslöffel von der Milch zugeben, sorgfältig mit der Hefe verrühren und etwa 10 Minuten stehen lassen.

3 Die restliche Milch hinzufügen und alles mit Handrührgerät mit Knethaken in etwa 5 Minuten zu einem glatten Teig verkneten. Den Teig zugedeckt an einem warmen Ort gehen lassen, bis er sich sichtbar vergrößert hat.

4 Zwei Backbleche (je 30 x 40 cm) fetten. Den Backofen vorheizen. Ober-/Unterhitze: etwa 200 °C , Heißluft: etwa 180 °C

5 Den Teig auf der leicht bemehlten Arbeitsfläche nochmals durchkneten und halbieren. Jede Teighälfte auf einem Backblech ausrollen.

6 Für den Belag den Teig mit den Tomatenstückchen bestreichen. Peperoni abtropfen lassen, gleichmäßig darauf verteilen und mit Edamer bestreuen. Die Backbleche nacheinander (bei Heißluft zusammen) in den vorgeheizten Backofen schieben. Die Pizzen **etwa 30 Minuten** backen.

7 Die Pizzen aus dem Backofen nehmen, den Parmaschinken darauf verteilen und die Pizzen sofort servieren.

Tipp

Die Pizzen gelingen am besten bei Ober- und Unterhitze. Die Backbleche nacheinander im unteren Drittel in den Backofen schieben.
Die Pizzen nach Belieben vor dem Servieren zusätzlich mit vorbereiteter Rauke (Rucola) belegen.

Ratgeber

Abkürzungen

Ratgeber

Abkürzungen

EL	=	Esslöffel
TL	=	Teelöffel
Msp.	=	Messerspitze
Pck.	=	Packung/Päckchen
g	=	Gramm
kg	=	Kilogramm
ml	=	Milliliter
l	=	Liter
evtl.	=	eventuell
geh.	=	gehäuft
gestr.	=	gestrichen
TK	=	Tiefkühlprodukt
°C	=	Grad Celcius
Ø	=	Durchmesser

Kalorien-/Nährwertangaben

E	=	Eiweiß
F	=	Fett
Kh	=	Kohlenhydrate
kJ	=	Kilojoule
kcal	=	Kilokalorie

Backbleche

Zur Grundausstattung des Backofens gehören 1 bis 2 Backbleche, sie werden bei der Anschaffung des Backofens mitgeliefert. Bei den Blechen handelt es sich um Emaillebleche, Schwarzbleche oder Aluminiumbleche. Am besten sind Emaille- oder Schwarzbleche. Es lohnt sich, diese nachträglich anzuschaffen.

Bei sehr weichen Teigen, z. B. Biskuit- oder All-in-Teigen, ist es empfehlenswert, vor dem Backen einen Backrahmen auf das Backblech zu stellen, um ein Herunterlaufen des Teiges zu vermeiden. Geben Sie dann den Teig in den Backrahmen und verstreichen ihn mit einer Teigkarte.

Oder legen Sie einen mehrfach geknickten Streifen Alufolie vor den Teig.

Biskuit-, Rühr- und All-in-Teige lassen sich am besten mit einer Teigkarte glatt streichen.

Wenn es möglich ist, sollte man die Bleche direkt nach dem Backen, sozusagen noch warm abwaschen, dann im noch warmen Backofen nachtrocknen.

Einschubhöhe

Blechkuchen werden im Allgemeinen (bei Ober- und Unterhitze) in die Mitte des Backofens geschoben (soweit im Rezept nicht anders angegeben). Maßgebend sind jedoch die Ausführungen und Anweisungen der Backofen-Hersteller.

Backtemperatur

Die richtig eingestellte Backtemperatur ist ebenso wichtig wie die Zubereitung der Blechkuchen. Die unter den Rezepten angegebenen Backzeiten können je nach Gerät länger oder kürzer sein. Es ist deshalb erforderlich, die Anleitungen der Hersteller, die den Backöfen beiliegen, genau zu beachten. Die Blechkuchen sollten besonders gegen Ende der Backzeit genau beobachtet werden. Mit einer Garprobe kann geprüft werden, ob das Gebäck durchgebacken ist.

Garprobe

Biskuit ist gar, wenn er sich nicht mehr feucht, aber weich anfühlt und bei Fingerdruck keine Druckstelle auf der Oberfläche zurückbleibt. Bei Hefe- und Quark-Öl-Teig-Blechkuchen sollte die Unterseite leicht gebräunt und trocken sein. Um dieses zu prüfen, heben Sie den Kuchen vorsichtig mit einem Messer hoch.

Aufbewahrung

Blechkuchen aus Rühr-, All-in- oder Biskuitteigen können im Allgemeinen gut verpackt über 2–3 Tage aufbewahrt werden. Blechkuchen aus Hefe-, Quark-Öl- und Blätterteig schmecken frisch am besten, können aber auch einen Tag gut verpackt aufbewahrt werden. Die Aufbewahrungszeit ist abhängig von den Zutaten. Enthält der Kuchen viele Früchte oder hat er eine Creme- oder Sahnefüllung, so muss er kühl aufbewahrt werden.

Rezepte

Alle Rezepte sind von Dr. Oetker entwickelt und getestet worden. Sie sind ausführlich beschrieben und zum besseren Nachvollziehen übersichtlich in Punkte gegliedert. Die Zutaten sind in der Reihenfolge der Verwendung in einer Spalte aufgeführt, so dass leicht nachvollziehbar ist, was für das Rezept benötigt wird. Die Rezepte enthalten darüber hinaus Backzeit, Zubereitungszeit sowie Nährwertangaben.

Hinweise zu den Rezepten

Lesen Sie bitte vor der Zubereitung – besser noch vor dem Einkaufen – das Rezept einmal vollständig durch. Oft werden Arbeitsabläufe oder -zusammenhänge dann klarer.

Die in den Rezepten angegebenen Backtemperaturen und -zeiten sind Richtwerte, die je nach individueller Hitzeleistung des Backofens über- oder unterschritten werden können. Die Temperatur-Einstellmöglichkeiten für Gasbacköfen variieren je nach Hersteller, so dass wir keine allgemeingültigen Angaben machen können. Bitte beachten Sie deshalb bei der Einstellung des Backofens die Gebrauchsanweisung des Herstellers und machen Sie nach Beendigung der Backzeit eine Garprobe.

Zubereitungszeiten

Die Zubereitungszeit beinhaltet nur die Zeit für die eigentliche Zubereitung, die Backzeiten sind gesondert ausgewiesen. Längere Wartezeiten, wie z. B. Kühlzeiten, sind ebenfalls nicht mit einbezogen.

Kapitelregister

Alphabetisches Register

Für Fragen, Vorschläge oder Anregungen steht Ihnen der Verbraucherservice der Dr. Oetker Versuchsküche
Telefon: 00800 71 72 73 74 Mo.– Fr. 8:00–18:00 Uhr,
Sa. 9:00–15:00 Uhr (gebührenfrei in Deutschland)
oder die Mitarbeiter des Dr. Oetker Verlages
Telefon: +49 (0) 521 520658 Mo.– Fr. 9:00–15:00 Uhr
zur Verfügung.

Oder schreiben Sie uns:
Dr. Oetker Verlag KG, Am Bach 11, 33602 Bielefeld oder
besuchen Sie uns im Internet unter www.oetker-verlag.de oder www.oetker.de

Einkaufen im Internet:
www.weltbild.de

Genehmigte Lizenzausgabe für Verlagsgruppe Weltbild GmbH, Steinerne Furt, 86167 Augsburg
Copyright der Originalausgabe © 2009 by Dr. Oetker Verlag KG, Bielefeld

Redaktion: Jasmin Gromzik, Miriam Krampitz
Titelfoto: StockFood GmbH, München (Teubner Foodfoto)
Innenfotos: Walter Cimbal, Hamburg (S. 5, 25, 67, 87, 111, 129, 147–149, 159)
Fotostudio Diercks, Hamburg (S. 17–23, 27–61, 69–73, 79, 97–99, 103–107,
113–115, 121, 125, 131–133, 137, 141, 145, 151, 155, 163, 171)
Ulrich Kopp, Sindelfingen (S. 93)
Antje Plewinski, Berlin (S. 159, 161)
Hans-Joachim Schmidt, Hamburg (S. 165, 167, 169)
Axel Struwe, Bielefeld (S. 75–77, 81–85, 91, 119, 123, 135, 139, 143, 153)
Norbert Toelle, Bielefeld (S. 11, 15, 157)
Brigitte Wegner, Bielefeld (7–9, 13, 63–65, 89, 95, 101, 109, 117, 127, 172)

Wir danken für die freundliche Unterstützung: Peter Kölln, Elmshorn
Kraft Foods, Bremen
PICO Food, Tamm

Umschlaggestaltung: Waldmann & Weinold – Kommunikationsdesign, Augsburg
Graphisches Konzept: kontur:design, Bielefeld
Gestaltung und Satz: MDH Haselhorst
Druck und Bindung: Firmengruppe APPL, aprinta druck, Wemding
Printed in the EU

ISBN: 978-3-8289-1403-2

2011 2010
Die letzte Jahreszahl gibt die aktuelle Lizenzausgabe an.